トルコのパンと粉ものとスープ

口尾麻美

はじめに

ヨーロッパとアジアをつなぐエキゾチックな国トルコ。その中心がイスタンブール。はじめて行った時、街のパン屋さんの店先に太いフランスのバゲットのようなパンがたくさん並べられているのを目にして「トルコもヨーロッパのようなパンを食べるんだぁ」と、ちょっと意外な印象をうけました。ロカンタ（食堂）に入ると、テーブルにはプラスチックの容器いっぱいに入ったパンが置かれていて、聞けばなんとパンは食べ放題。なんで？ という疑問が湧きました。イスタンブールのエミノニュで、名物のサバサンドを食べた時、そのパンのおいしさに驚き、それまでの疑問が、そのおいしさの秘密を知りたい！ という探究心へと変わりました。あらためて街をよく見てみると、街中いたるところに屋台があり、シミットやらポアチャやら…、とにかくパン、パン、パン！ がいっぱい！ トルコにはこんなにパンがたくさんあるのに、どうして日本ではあまり知られていないのだろう？ という素朴な疑問から、この本は生まれました。そしてそのおいしさの背景にはトルコ人のルーツである遊牧民の暮らしへと壮大な歴史的物語にまでさかのぼり、私の中でパンだけではない豊かなトルコの粉もの文化へと繋がっていきました。またパンと共にトルコの食卓に欠かせないスープもまたその種類の多さ、トルコならではの調理法があり、ますますトルコの食文化の奥深さに惹かれていきました。世界三大料理といわれるトルコ料理。その理由が「パンと粉ものとスープ」という切り口からもおおいに感じることができます。ユニークな発想から生まれる滋味あふれるおいしさを、ぜひ味わってみてください。

口尾麻美

Contents

【この本を読むまえに】

- 小さじ1は5ml、大さじ1は15ml、1カップは200mlです。
- バターは食塩不使用、卵はMサイズ、揚げ油はサラダ油を使っています。
- 打ち粉は強力粉を使っています。
- トルコ料理に欠かせない食材・調味料・スパイスなどを巻末に「食材ノート」としてまとめています。参考にしてください。
- 調理時間やパンの生地づくりの発酵時間、温度などは目安です。またパン生地をあたたかい場所で発酵させる場合、27〜30℃が適温です。様子をみながら加減してください。
- 焼き時間・温度は、お手持ちのオーブンのクセに応じて調整してください。この本では家庭用の電気オーブンを使用しています。

Chapter.1
Ekmek
【パン】

- 010　トルコのパン・いろいろ
- 012　シミット（Column：お祭り用の小さなシミット）
- 016　アチュマ
- 020　チャタル
- 022　**Turkey Memo 1**
「トルコのおやつパンは、どこか懐かしい味」
- 024　アイ・チョレイ
- 026　ポアチャ
- 030　エキメッキ
- 032　バズルマ
- 034　パンと一緒にメゼがあれば…
フムス／トルコ風ピクルス／なすのサラダ
冷製長ねぎのオリーブオイル煮／アジュル・エズメ
ハイダーリ
- 038　**Turkey Memo 2**
「トルコのストリートグルメは充実のラインナップ」
- 040　トルコ風ミートボールサンド／
サーモン・ココレッチサンド／サバサンド
- 044　ウスラック・ブルゲル（湿ったハンバーガー）
- 046　ピデ
- 048　基本のピデ生地
- 049　ほうれん草と白チーズのピデ／チーズのピデ
（Column：ラマザン・ピデ）
- 050　ラフマジュン
- 052　ギョズレメ
- 054　イスケンダル・ケバブ
- 056　朝食はパンといっしょに
メネメン／ほうれん草の目玉焼き
（Column：レチェリ　トルコ風チェリージャム）
- 059　**Turkey Memo 3**
「おいしいカフバルトゥで朝から幸せ気分」

Chapter.2
Un, Bulgur
【粉もの】

- 062　トルコの粉もの・いろいろ
- 064　マントゥ
- 068　ズッキーニのムジュヴェル
- 070　カラスミとパセリのエリシュテ
- 072　焼きスパゲッティ
- 074　ヨーグルト・パピヨン・マカルナ
- 075　サルチャ味のマカルナ
- 076　イチリ・キョフテ
- 078　クスル
- 079　肉入りブルグルのピラウ
- 080　**Turkey Memo 4**
  「トルコの粉食文化のルーツでもあるユフカ」
- 082　基本のユフカ生地
  （Column：家庭用のユフカ作りの道具）
- 083　ス・ボレイ
- 084　シガラ・ボレイ
- 085　パフ・ボレイ
- 086　ギュル・ボレイ
- 087　焼きボレイ
- 088　**Turkey Memo 5**
  「シロップたっぷり！ トルコの粉ものスイーツ」
- 090　トゥルンバ
- 092　バクラヴァ
- 094　レヴァニ（セモリナ粉のケーキ）
- 096　生地の揚げもの
- 098　イルミック・ヘルヴァ
- 100　塩味のクッキー
- 102　トルコの定番ドリンク
  アイラン／リモナタ／チャイ／トルココーヒー
  （Column：トルコのチャイとコーヒーの道具）

Chapter.3
Çorba
【スープ】

- 106　メルジメッキ・チョルバス
- 108　マッシュルームのスープ
  にんじんのスープ
- 110　ミートボールのヨーグルトスープ
- 112　ジャジュック
- 113　パスタ入りスープ
- 114　小麦のスープ
- 115　高原のスープ
- 116　花嫁のスープ
- 117　結婚式のスープ
- 118　ドマテス・チョルバス
- 120　胃袋のスープ
- 122　**Turkey Memo 6**
  「朝食からディナーまで…
  食事のはじまりはスープから」

- 124　食材ノート

トルコに来て驚くのは、パンのおいしさと種類の多さ。
小麦粉と塩の味だけの平焼きの中東風パンから、
どこか懐かしい味のするたくさんの街角のパン。
そしてトルコの主食のエキメッキ。
どれも良質な小麦の産地ならではの味わいで、
一度食べたら忘れられません。
またエキメッキは「生活の糧」という意味でもあり、
トルコ人にとってなくてはならないものなのです。

Simit

シミット P.012
トルコを代表するごまパンは
外はカリッと中はもちっ

Açma

アチュマ P.016
ふわふわ生地をツイストさせた
トルコ版ベーグル

Çatal

チャタル P.020
フォークの形がユニーク！
さっくりとした食感も魅力

Ekmek
トルコのパン・いろいろ

選ぶのが楽しい！ おやつパン、食事パン、
ストリートフードまで形も味わいもいろいろ！
トルコの人気パンが勢揃い。

Ay Çöreği

アイ・チョレイ P.024
トルコの国旗にも使われている
三日月形が目印

Poğaça

ポアチャ P.026
トルコのおそうざいパンは
どこか懐かしい味わい

Ekmek   *Bazlama*

エキメッキ P.030
薄焼きで、中が空洞になった
伝統的な食事パン

バズルマ P.032, 054
シンプルな平焼きパンは
食べ方もバラエティ豊か

Köfte Ekmek

**トルコ風
ミートボールサンド** P.040

トルコの国民的料理
キョフテ入りのサンド

Balık Ekmek

サバサンド P.041

トルコ名物！パンとサバが
出会ってできた逸品

Somon Kokoreç

**サーモン・
ココレッチサンド** P.041

サーモンに野菜とハーブ、
スパイスを和えてサンド

Gözleme

ギョズレメ P.052

薄く伸ばした生地で具を
包んだトルコ風クレープ

Pide

ピデ P.046

ピザの源流ともいわれ、
舟形にするのがトルコ流

Islak Burger

ウスラック・ブルゲル P.044

ソースがしみてふにゃっとした
食感の湿ったハンバーガー

Ramazan Pidesi

ラマザン・ピデ P.048

イスラム教徒の習慣・断食月に
食べる行事パン

Lahmacun

ラフマジュン P.050

レモンとパセリと一緒に
くるくる巻いて食べる

シミット
☪ Simit

ごまをたっぷりまぶしたリング状のパンは、トルコを代表するパンのひとつ。
街角では屋台やリヤカー、トレイなど、シミットを売るスタイルも様々。
焼きたてはごまの風味が香ばしく、外はカリッと、中はもちっ。何度でも食べたくなるおいしさです。
シミットを器用に積み、頭にのせて歩くシミットチ（シミット売り）は、イスタンブールの街の風物詩です。

Ingredients

材料（6個分）

A ┌ 強力粉…240g
  │ 薄力粉…160g
  │ 塩…小さじ2
  │ 砂糖…大さじ1
  └ ドライイースト…小さじ1

牛乳…260ml
サラダ油…大さじ2
白ごま・打ち粉…各適量

【仕上げ用】
ぶどう濃縮液（P.125）…50ml
ぬるま湯…50ml

1. ボウルに**A**の材料を合わせ入れたら、牛乳を加え入れてゴムべらで混ぜる。サラダ油を加えて（**a**）、ひとまとまりになるまでこねる。打ち粉をした台に移し、手につかなくなるまでこねる（**b**）。
2. ラップをかけ、あたたかい場所で40分〜1時間、発酵させる（**c**）。
3. 生地が2倍くらいの大きさになったら、軽く押してガスを抜き（**d**）、6等分にする。
4. 6等分にした生地をそれぞれ30〜40cmのひも状に伸ばして半分に折る（**e**）。これを縄状にねじって（**f**）輪にしてとじ（**g**）、とじめを指先でころがしてなじませる。
5. 仕上げ用のぶどう濃縮液と分量のぬるま湯を合わせ、**4**の生地をくぐらせたら（**h**）、ごまをたっぷりまぶしながら輪を少し広げるようにして形を整え（**i**）、オーブンシートをしいた天板に並べる。
6. 200℃に予熱したオーブンで焼き色がつくまで約15分焼く。

Memo
・ぶどう濃縮液はトルコ語で「ユズムペクメズィ」（P.125参照）と呼ばれ、現地ではパンにつけたり、ヨーグルトにかけるなど、様々な使い方をします。モラセス（糖蜜）、または同割の砂糖と水を火にかけて、ゆるいキャラメル状にしたものでも代用可能です。

Column お祭り用の小さなシミット

シミットを小さくしたような直径5cmくらいのさくさくのビスケット状のパン。イスラム教の宗教行事で、イスラム暦で重要な日であるカンディル（灯明祭）は年に5日あり、この日は町中のパン屋やお菓子屋の店頭に並びます。これを食べてこの日を祝うそうです。

アチュマ
☪ Açma

生地をツイストさせてリング状にすることから、トルコ版ベーグルとも。
生地に多めに油分を加えるので、ふわふわの食感になります。家庭でもよく作られるパンで、
プレーンはもちろん、オリーブやチョコレート入りなど、好みでバリエーションも楽しめます。

a   **b**   **c**   **d**

Ingredients

材料（8個分）

【基本の生地】
- 強力粉… 400g
- ドライイースト… 8g
- A 砂糖… 大さじ1
- 塩… 小さじ1
- マハレプパウダー（P.021）… 小さじ1

牛乳… 250ml
サラダ油… 100〜120ml
打ち粉… 適量

【仕上げ用】
卵黄… 1個分
ブラッククミンシード（または黒ごま）
　… 適量

1. 【基本の生地】ボウルにAの材料を合わせ入れ、牛乳を加えて（**a**）ゴムべらで混ぜ、サラダ油を加えてよくこねる。生地がまとまったら打ち粉をした台に移す。油がしっとりとなじむまでこね、ボウルに戻してラップをかける（**b**）。あたたかい場所で約30分発酵させ、ガスを抜いてまとめる。
2. 1の生地を8等分し、それぞれ約25cmの棒状に伸ばして両端からねじり（**c**）、端をつなげてリング状に成形する（**d**）。
3. オーブンシートをしいた天板に成形した生地を並べてラップをかけ、あたたかい場所で約15分発酵させる。
4. 卵黄を塗り、ブラッククミンシードをふって、230℃に予熱したオーブンで焼き色がつくまで9〜10分焼く。

Memo
- 材料の牛乳250mlのうち50ml分を水にかえると、ややさっぱりと、サラダ油の半量をバターにするとコクが出ます。またサラダ油をオリーブオイルにするなど、好みで調整可能。

チョコレートのアチュマ

☾ Çikolatalı Açma

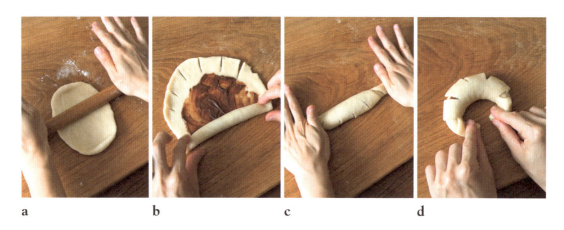

a b c d

Ingredients

材料（8個分）
基本の生地（P.017）…全量
チョコレートスプレッド（市販）…適量
【仕上げ用】
卵黄…1個分
ブラッククミンシード（または黒ごま）
　…適量

1. 基本の生地を8等分にして長さ20～22cmの楕円形に伸ばす（**a**）。
2. 生地の縁を2～3cm残してチョコレートスプレッドを塗り、生地の奥半分の縁に切り込みを均等に入れる。手前から巻いて（**b**）、巻き終わりをしっかりとじて棒状にする。生地をころがして両端を細くし（**c**）、三日月形に成形する（**d**）。
3. オーブンシートをしいた天板に成形した生地を並べてラップをかけ、あたたかい場所で約15分発酵させる。卵黄を塗ってブラッククミンシードをふり、230℃に予熱したオーブンで9～10分焼く。

ブラックオリーブのアチュマ
Siyah Zeytin Açma

a b c d

Ingredients

材料（8個分）
基本の生地（P.017）…全量
ブラックオリーブペースト（市販）…適量
【仕上げ用】
卵黄…1個分
ブラッククミンシード（または黒ごま）
　…適量

1. 基本の生地を8等分にして長さ20～22cmの楕円形に伸ばす（**a**）。
2. 生地の縁を2～3cm残してブラックオリーブペーストを塗り、手前から巻いて（**b**）、巻き終わりをしっかりとじて棒状にする。両端を持ってねじり（**c**）、両端をつなげてリングにする（**d**）。
3. オーブンシートをしいた天板に成形した生地を並べてラップをかけ、あたたかい場所で約15分発酵させる。卵黄を塗ってブラッククミンシードをふり、230℃に予熱したオーブンで9～10分焼く。

チャタル
☪ Çatal

食事に使うフォーク（チャタル）の形を模したユニークなおやつパン。
朝食に白チーズやオリーブ、ジャム、またチャイと一緒に食べられています。パスターネ（焼き菓子屋）や
シミット屋でも売られていて、クッキーのようなサクッとした食感が特徴です。

a b c d

Ingredients

材料（4個分）

A
- 薄力粉…250g
- ベーキングパウダー…小さじ1
- 塩…小さじ1強
- 砂糖…小さじ1
- マハレプパウダー（あれば）…小さじ½
- プレーンヨーグルト…大さじ2〜3

バター（室温に戻す）…70g
ひまわりオイル…50ml
打ち粉…適量

【仕上げ用】
卵黄…1個分
ブラッククミンシード（または黒ごま）
　…適量

1. ボウルにバターとひまわりオイルを入れてゴムべらでよく混ぜ、Aの材料を混ぜたら打ち粉をした台に移して軽くこねる（a）。
2. 生地がひとまとまりになったらボウルに戻してラップをかけ、室温で約1時間休ませる。
3. 2の生地を4等分にする（b）。それぞれを丸め、打ち粉をして、1個の生地から棒状の生地15cmを2本、10cmを1本に分ける。15cmの生地2本を輪にしてくちびるのような形に整え、両端をつまんでとじる（c）。真ん中に10cmの生地を1本おいて両端を押さえてとめる（d）。
4. 3の生地はオーブンシートをしいた天板に並べて卵黄を塗りブラッククミンシードをふる。
5. 200℃に予熱したオーブンで約20分、焼き色がつくまで焼く。

【マハレプパウダー】
さくらんぼの仲間のマハレプの種をひいて粉にしたもの。独特の甘い香りがあり、トルコでは甘みのあるおやつ系のパンに少量を加えて香りづけする。

Turkey Memo
1
トルコのおやつパンは、どこか懐かしい味

　トルコでは、通りを歩けばたくさんの屋台とパンに出会います。屋台は朝から晩まで小腹がすいても困らない庶民の味方。通勤途中にパンを買う人もたくさんいて、朝からパン屋には行列ができていたり、なじみの屋台で好みのパンを買ったり、街にはパンがあふれています。

　おやつパンの定番はシミット、アチュマ、ポアチャ。名前からは想像できないですが、食べるとどこか懐かしい味。あそこのおじさんのポアチャはふわふわ系、ここのおじさんのはずっしり系など、同じ種類のパンでも屋台や店によって違います。そこが街角パンのおもしろいところ。自分好みを探すのが楽しくなります。「おはよう！　元気？」「どこから来たの？」「うちのシミットはおいしいよ！」とパンを買う間のちょっとした会話がまた心地よく、トルコのおやつパンの味は屋台のおじさんの味でもあります。

　おやつパンは家庭でも作られています。親戚づきあいが多いトルコの家庭は来客も多く、パンとチャイがあれば会話が弾みます。アンネ（お母さん）の手作りパンのレシピは目分量が基本。小麦粉はキッチンにある長めのグラス、砂糖はチャイグラス、途中で粉を足してみたり、といった具合にかなりアバウト。それでもおいしくできてしまうから不思議です。

アイ・チョレイ
☪ Ay Çöreği

イスラム教の象徴で、トルコ国旗にも使われている三日月形のパン。
よく似た形のクロワッサンは17世紀、オーストリアのパン職人が敵対するオスマントルコ軍に勝利したことを
祝って作ったとされ、後にマリーアントワネットがフランスに持ち込んだといわれています。

a　　　　　　　　b　　　　　　　　c　　　　　　　　d

Ingredients

材料（6個分）
【基本の生地】
A ┌ 強力粉…250g
　│ ドライイースト…5g
　│ サラダ油…60ml
　└ 塩…小さじ1　砂糖…大さじ1⅓
水…140ml　打ち粉…適量
【チョコフィリング・6個分】
スポンジケーキ（市販）…100〜150g
牛乳…大さじ1
粉糖・ココアパウダー…各小さじ2
シナモンパウダー…適量
くるみ（くだいたもの）…大さじ1
レーズン…大さじ2
【仕上げ用】
卵黄…1個分
ブラッククミンシード（または黒ごま）…適量
アーモンドスライス…適量

1. 【基本の生地】ボウルにAの材料を合わせ入れ、分量の水を加えてよく混ぜる。生地がまとまったら、打ち粉をした台に移し、耳たぶ程度のかたさになるまでこねる。
2. ボウルに生地を戻してラップかけ、あたたかい場所で30〜40分発酵させる。生地を押してガスを抜き、6等分にする（**a**）。
3. 【プレーン】2の生地を棒状にし、ころがして両端を細くして（**b**）、三日月形に成形（**c**）。
【チョコフィリング】フィリングの材料をフードプロセッサーにかけ、6等分して棒状にする。2の生地をめん棒で長さ約20cmの楕円形に伸ばし、フィリングをのせ（**d**）、巻いてとじ、ころがして両端を細くし、三日月形に成形する。
4. オーブンシートをしいた天板に成形した生地を並べてラップをかけ、あたたかい場所で15〜20分発酵させる。卵黄を塗り、プレーンにはブラッククミンシードを、チョコにはアーモンドスライスをのせ、230℃に予熱したオーブンで焼き色がつくまで約10分焼く。

ポアチャ
☪ Poğaça

白チーズ、ひき肉、ポテトなど、いろんな具入りのおそうざいパン。
パンの生地はずっしり、ふんわり、パイ生地風……など、作り手によって違います。
どこか懐かしい味わいが魅力で、お店ではもちろん家庭でもよく作られています。
じつはオスマントルコ帝国時代から食べられているという歴史あるパンで、
今も毎日の朝食やおやつとして人気があります。

Ingredients

材料（10個分）

【基本の生地】
- A
  - 強力粉…500g
  - ドライイースト…4g
  - 塩…小さじ1
  - 砂糖…大さじ2
- プレーンヨーグルト…大さじ2
- 牛乳…300ml
- オリーブオイル…100ml
- 打ち粉…適量

【ポテトフィリング・作りやすい分量】
- ギョズレメ（P.053）のポテトフィリング…適量

【チーズフィリング・作りやすい分量】
- 白チーズ（またはフェタチーズ）…150g
- イタリアンパセリ（粗みじん切り）…大さじ½
- 黒こしょう…小さじ½
- ドライバジル…適量

【仕上げ用】
- 卵黄…1個分
- ブラッククミンシード（または黒ごま）…適量

1. 【基本の生地】ボウルに **A** の材料を合わせ入れ（**a**）、ヨーグルト、牛乳も加えて（**b**）軽く混ぜ、オリーブオイルを加える（**c**）。
2. ゴムべらで全体になじませ（**d**）、ひとまとまりになるまでこねる（**e**）。
3. 2を打ち粉をした台に移し、生地がなめらかになるまでこねて丸め、ボウルに戻す。ラップをかけ、あたたかい場所で30～40分発酵させる。
4. 生地のガス抜きをし（**f**）、10等分にする。
5. 【プレーン】基本の生地を、それぞれ丸めて形を整える。
   【ポテトフィリング】基本の生地をめん棒で長さ15～16cmの楕円形に伸ばし、ポテトフィリングを適量のせて半分に折り（**g**）、縁をとじる。
   【チーズフィリング】基本の生地をめん棒で長さ15～16cmの楕円形に伸ばし、フィリングの材料を合わせて生地に適量のせ、半分に折って（**h**）、縁をとじる。
6. 成形した生地は、それぞれオーブンシートをしいた天板に並べ、ラップをかけてあたたかい場所で約15分発酵させる。
7. それぞれに卵黄を塗り、プレーンにはフォークで筋をつける。ポテトにはブラッククミンシードをふる（**i**）。
8. 250℃に予熱したオーブンで6～7分、焼き色がつくまで焼く。

チーズフィリング

ポテトフィリング

エキメッキ
☪ Ekmek

薄焼きで中が空洞になっている伝統的な食事パンです。軽い食感はメゼ（冷たい前菜）と一緒にいただくのにもぴったり。日本のトルコ料理店でもよく見かけますが、トルコではフルンと呼ばれるパン屋、パスターネ（焼き菓子屋）でも売られています。

a　　　　　　　　b　　　　　　　　c　　　　　　　　d

Ingredients

材料（6個分）

A
- 強力粉…160g
- 薄力粉…40g
- ドライイースト…小さじ2
- 塩…小さじ1
- 砂糖…小さじ1

水…140ml
打ち粉…適量

【仕上げ用】
卵黄…1個分
白ごま…適量

1. ボウルにAの材料を合わせ入れたら、分量の水を加えて混ぜる（**a**）。生地がひとまとまりになったら打ち粉をした台に移し、表面がなめらかになるまでこねる。
2. **1**の生地を丸めてボウルに戻し、ラップをかけてあたたかい場所で約1時間発酵させる。
3. **2**の生地が2倍くらいの大きさになったら、手で軽く押さえてガス抜きをして（**b**）、6等分にして丸める。
4. 台に打ち粉をして、それぞれ直径13cmくらいになるようにめん棒で伸ばして（**c**）、オーブンシートをしいた天板に並べる。
5. ラップをかけ、あたたかい場所で約10分発酵させる。生地の縁がぷっくりとふくらんできたら、仕上げに卵黄を塗り、白ごまをふる（**d**）。
6. 170℃に予熱したオーブンに入れ、1～2分焼いてふくらんできたら、200℃に上げて8～10分焼く。

バズルマ
☪ *Bazlama*

中東のアラブ諸国のピタのように中が空洞になった平焼きパン。家庭ではフライパンで焼きます。バターやメゼと食べたり、ケバブ屋では具をサンドしたり、サルチャを塗ってチーズとサラミをのせ、ピデ風に焼くなど、食べ方もバラエティに富んでいます。

a

b

c

Ingredients

材料（6個分）

A
- 強力粉…160g
- 薄力粉…40g
- ドライイースト…小さじ1
- 砂糖…小さじ2
- 塩…小さじ 2/3
- オリーブオイル…大さじ1

水…120〜130ml
打ち粉…適量

1. ボウルに**A**の材料を合わせ入れて軽く混ぜ、分量の水を加えてさらにこねる。生地がひとまとまりになったら、打ち粉をした台に移して表面がなめらかになるまでこねる。
2. 生地をまとめてボウルに戻し、ラップをかけて約1時間、あたたかい場所で発酵させる。
3. 生地が2倍くらいの大きさになったら、軽く押してガスを抜き、6等分にして丸める。かたく絞ったぬれ布巾をかけて約10分おく（**a**）。
4. **3**の生地をそれぞれ直径10〜15cmに伸ばして少しおく。縁がぷっくりとふくらんできたら、熱しておいたフライパンでふくらむまで両面を焼く（**b・c**）。

Memo
- 焼くときは、表裏を何度か返しながら焼くと、ふくらみやすいです。
- トルコでは、左ページの写真のように、オリーブオイルにオリーブ、ドライトマト、ハーブなどを混ぜたものをパンといっしょに出されることがよくあります。シンプルなパンによく合います。

Meze
パンと一緒にメゼがあれば…

メゼは冷たい前菜のこと。メイハーネ（大衆居酒屋）では
店員さんがトレイいっぱいにのせて運んできます。
好きなものを選んでパンと食べれば、
楽しい食事の時間のはじまりです。

フムス

トルコ風ピクルス

なすのサラダ

冷製長ねぎの
オリーブオイル煮

アジュル・エズメ

ハイダーリ

フムス ☪ *Humus*

ごまペーストとレモンが決め手のひよこ豆のディップ。

材料（作りやすい分量）
ひよこ豆（水煮）…1缶（250g）
A ┌ ごまペースト（P.125）…大さじ1
 │ にんにく（すりおろし）…1かけ分
 │ 塩・クミンパウダー…各小さじ½
 │ レモン汁…大さじ½
 └ オリーブオイル…大さじ3
水…50ml程度

1. 薄皮をむいたひよこ豆と**A**の材料をフードプロセッサーでペースト状にする。
2. 水を適宜加えて好みの加減に調整し、塩少々（分量外）で味を調える。

Memo
・にんにくの量は、好みで調整してください。
・仕上げにオリーブオイルをかけたり、パプリカパウダーやプルビベル（粗びき唐辛子）などをふっても。

トルコ風ピクルス ☪ *Turşu*

トルコの酸っぱいピクルスは家庭の保存食。

材料（作りやすい分量）
いんげん…500～600g
A ┌ 白ワインビネガー…1カップ
 │ 塩…大さじ½
 └ 水…2カップ
レモン（半月切り）…4枚分
にんにく（薄皮をむく）…1かけ

1. **A**の材料を混ぜておく。
2. いんげんは好みのかたさにさっとゆでたら、冷水にさらし、水気をきる。
3. 煮沸消毒した保存瓶に**2**のいんげんを隙間なく詰め、レモンの半月切りやにんにく、**1**を入れ、ふたをして冷蔵保存する。約1週間で食べられるが、食べ頃は約1ヶ月後。

Memo
・ピクルスの具材は、玉ねぎ、きゅうり、トマト、豆などお好きな野菜でどうぞ。野菜によっては生のまま漬けます。

なすのサラダ ☪ *Patlıcan Salatası*

とろけるような、なすとオリーブイルは相性抜群。

材料（作りやすい分量）
なす…4本　オリーブオイル…50ml
玉ねぎ（みじん切り）…½個分
ししとうがらし（みじん切り）…5本分
トマト（角切り）…¼個分
イタリアンパセリ（刻む）…1本分
にんにく（すりおろし）…1かけ分
A ┌ レモン汁…大さじ1　塩…小さじ1
 │ 黒こしょう・砂糖…各小さじ½
 └ プルビベル（P.124）…小さじ½
揚げ油…適量

1. なすは皮をむいて乱切りにし、塩水にさらしてアクを抜き、水気をきる。
2. **1**のなすを素揚げして油をきり、ミキサーでピューレ状にする。
3. フライパンにオリーブオイルを熱し、玉ねぎをしんなりするまで炒め、ししとうがらし、トマトも炒める。イタリアンパセリ、にんにくを加えて炒めたら、**2**のミキサーに加えて一緒にピューレ状にする。
4. ボウルで**3**と**A**を合わせる。好みでヨーグルト適量（分量外）を加えてもよい。

冷製長ねぎのオリーブオイル煮 ☪ *Zeytinyağlı Pırasa*

野菜をオリーオイルで"煮る"トルコの調理法で。

材料（作りやすい分量）
長ねぎの白い部分…3本分
いんげん…4本　玉ねぎ…⅓個
オリーブオイル…大さじ3
A ┌ 米…大さじ1　塩…大さじ½
　└ 砂糖…小さじ1
熱湯…100ml
ディル…3本　レモン汁…大さじ1

1. 長ねぎといんげんは3cmの長さに、玉ねぎはみじん切りにする。
2. 鍋にオリーブオイルを熱して玉ねぎを炒め、しんなりしたら、長ねぎ、いんげん、**A**の材料、分量の熱湯を入れ、弱火で20〜30分、ふたをして蒸し煮にする。
3. 全体に火が通り、やわらかくなったら火を止めて冷ます。粗熱がとれたら、刻んだディル、レモン汁を混ぜ、冷蔵庫で冷やす。

アジュル・エズメ ☪ *Acılı Ezme*

トマトのうまみと唐辛子の辛みが効いたペースト。

材料（作りやすい分量）
トマト…2個　ししとうがらし…3本
玉ねぎ…⅓個　イタリアンパセリ…3本
A ┌ にんにく（すりおろし）…小さじ½
　│ 塩…小さじ1　黒こしょう…少々
　│ プルビベル（P.124）…小さじ1
　│ サルチャ（P.125）…大さじ1
　└ パプリカペースト（P.125）…大さじ1
レモン汁…大さじ1
オリーブオイル…大さじ2

1. トマトは半分に切ってすりおろす（皮はとり除く）。玉ねぎ、ししとうがらし、イタリアンパセリは、それぞれみじん切りにする。
2. フライパンに**1**と**A**の材料を入れ、火にかける。少し水分をとばしたら、仕上げにレモン汁とオリーブオイルを加えて混ぜる。粗熱がとれたら冷蔵庫で冷やす。

ハイダーリ ☪ *Haydari*

ヨーグルトと白チーズが爽やかなトルコ風ディップ。

材料（作りやすい分量）
プレーンヨーグルト…400g
※1時間くらい水きりをしておく（P.125）
白チーズ（またはフェタチーズ）…75g
ディル…1束　バター…大さじ1
ドライミント（またはドライバジル）
　…小さじ1
A ┌ にんにく（すりおろし）…小さじ1
　│ 塩…小さじ½
　└ オリーブオイル…大さじ1
プルビベル（P.124）・ディル（飾り用）…各少々

1. 白チーズは手でつぶす。ディルは細かく刻む。
2. フライパンを火にかけてバターを溶かし、ドライミントを入れ、香りがしてきたら火を止め、粗熱をとる。
3. ボウルに水きりしたヨーグルトと**1**、**2**の香りバター、**A**を入れて混ぜ、冷蔵庫で冷やす。プルビベルとディルを飾る。

Memo
・フェタチーズを使う場合は、塩気があるので塩の量は加減してください。
・にんにくの量は、好みで調整してください。

Turkey Memo
2
トルコのストリートグルメは充実のラインナップ

　トルコの主食といえばエキメッキ。エキメッキはパンの総称であるとともに、フランスパンのような形のものをさすのが一般的。価格や品質は政府が管理しており、外はカリッ、中はふわっとした食感で、どこで食べてもおいしい。多くの店では1日2回焼かれるエキメッキ。街のパン屋では熟練の職人から青年まで忙しそうに働いています。街では朝から、たくさんの焼きたてのエキメッキを配達するトラックや、配達人の姿が見られます。朝だけ現れる屋台のサンドイッチ屋さん。屋台をのぞけば野菜、ハーブ、ハムにチーズ……など、充実のラインナップにびっくり。こうした人気の屋台は常に行列です。順番に自分の好みの具材を注文し、エキメッキにサンド。できたてのサンドイッチを頬張りながら仕事場へ向かいます。

　また、ロカンタ（食堂）ではエキメッキが食べ放題。そして「バルック・エキメッキ（サバサンド）」をはじめ、トルコのストリートグルメを支えているのもエキメッキ。このパンの存在なしには語れません。他にも「トーストゥ（チーズやサラミをはさんだホットサンド）」、「デュルム（ケバブを巻いたパン）」、変わり種の「ウスラック・ブルゲル（湿ったハンバーガー）」、おなじみのケバブサンドは好みのパンを選ぶことができます。おなかがいくつあっても足りません。

トルコ風ミートボールサンド

サーモン・ココレッチサンド　　　　　　　　　　サバサンド

トルコ風ミートボールサンド
☪ Köfte Ekmek

トルコの国民的料理キョフテ（ミートボール）入りの
ボリュームたっぷりのサンド。
キョフテは地方や家庭によって、大きさや調理法は様々で
トルコ料理の多様性を実感できます。

Ingredients

材料（2人分）
ソフトフランスパン（市販）…1本
【フィリング・作りやすい分量】
牛ひき肉赤身（または羊ひき肉）…200g
パン粉…⅓カップ
玉ねぎ（すりおろし）…⅓個分
A ┌ クミンパウダー…小さじ1
　├ プルビベル（P.124）…小さじ½
　├ にんにく（すりおろし）…小さじ½
　├ イタリアンパセリ（みじん切り）…適量
　└ 塩…小さじ½　黒こしょう…少々
オリーブオイル…適量
ししとうがらし…4本
赤パプリカ（細切り）…½個分
イタリアンパセリ…適量
レモン（くし形切り）…2かけ

1. 【フィリング】ミートボール（キョフテ）を作る。ボウルにひき肉、パン粉、玉ねぎ、Aの材料を合わせ入れたら、よく練り混ぜて（**a**）小さい小判形に成形する（**b**）。
2. フライパンにオリーブオイルを熱し、強火で1を焼く。両面に焼き色がついたら弱火にしてふたをし、中まで火を通す。
3. ししとうがらしとパプリカは、グリルパンなどで焼く。
4. ソフトフランスパンは半分に切り、横から切れ目を入れる。それぞれ2のミートボールと3、イタリアンパセリを挟む。好みでレモンを搾って食べる。

Memo
・ソフトフランスパンは、具材をサンドする前にトースターなどで軽く温めておくと一層おいしいです。

a　　　　　　　　　　**b**

c / サーモン・ココレッチサンド

d / サバサンド

サーモン・ココレッチサンド
☪ *Somon Kokoreç*

ココレッチはトルコ南東部アナトリアの郷土料理。本来は串に巻いた羊の腸を炭火でカリカリに焼き、野菜とハーブ、スパイスと一緒に刻んでパンに挟みます。このレシピでは羊の腸のかわりにサーモンで作りました。

1. 【フィリング】サーモンは塩少々（分量外）をふりフライパンで両面を焼いて身をほぐす。
2. トマトは種を取って角切りにする。パプリカはグリルなどで表面を焼いて皮をむき、角切りにする。
3. ボウルに **1** と **2**、残りのフィリングの材料を入れ（**c**）、混ぜ合わせる。
4. ソフトフランスパンは半分の長さに切り、横から切れ目を入れる。**3** のフィリングを適量挟む。

Ingredients

材料（2人分）
ソフトフランスパン（市販）…1本
【フィリング・作りやすい分量】
サーモン（切り身）…2切れ
トマト・赤パプリカ…各½個
ししとうがらし（小口切り）…3本分
塩…小さじ½　こしょう…適量
プルビベル（P.124）…小さじ2
ドライタイム（またはオレガノ）…小さじ1
クミンパウダー…少々

サバサンド
☪ *Balık Ekmek*

イスタンブール旧市街のフェリーターミナルには、トルコ名物「サバサンド」の屋台船があり、船の上で威勢よく声をあげながらサバを焼く姿が見られます。シンプルだけどおいしい。レモンをたっぷり搾るのがトルコ流。

1. 【フィリング】塩さばは小骨を抜いて1枚を半分に切り、塩をふる。玉ねぎのスライスは（辛みが気になる場合は）水でさらし、水気をきっておく。
2. ソフトフランスパンは半分の長さに切り、横から切れ目を入れる。
3. **1** のさばをフライパンで両面焼き色がつくまで焼く（**d**）。
4. **2** のパンにレタス、玉ねぎ、焼いたさばの順に挟み、食べる時にたっぷりレモンを搾って食べる。

Ingredients

材料（2人分）
ソフトフランスパン（市販）…1本
【フィリング】
塩さば（半身）…2枚
塩…適量
レタス…2枚
玉ねぎ（スライス）…少々
レモン（くし形切り）…2かけ

Memo
・塩さばは、パンに挟むので、塩をふってややしっかり味をつけます。

ウスラック・ブルゲル（湿ったハンバーガー）
Islak Burger

その名も"湿ったハンバーガー"。新市街のタクシム広場ではおなじみのストリートグルメです。ソースがしみたふにゃっとした食感が癖になるおいしさ。小振りで食べやすいサイズも魅力です。トルコらしい発想に思わず拍手！ レシピは企業秘密らしいので味を想像して再現してみました。

a b

Ingredients

材料（4個分）
バンズパン（なるべく薄いもの）…4個
牛ひき肉（赤身）…200〜250g
玉ねぎ（すりおろし）…½個分
パン粉…大さじ2〜3
A ┌ クミンパウダー・塩…各小さじ1
　└ 黒こしょう・おろしにんにく…各小さじ½
オリーブオイル…大さじ½
【ソース】
サルチャ（P.125）…大さじ2
トマト（すりおろし）…1個分
プルビベル（P.124）・クミンパウダー
　…各小さじ½
白ワインビネガー・砂糖・塩…各小さじ1
水…100ml

1. ハンバーグを作る。ボウルに牛ひき肉、玉ねぎ、パン粉、**A**の材料を合わせ入れて、よく練り混ぜる。4等分し、パンの大きさに合わせて丸いハンバーグを作る。
2. フライパンにオリーブオイルを熱して、**1**のハンバーグを両面焼く。
3. ソースを作る。別のフライパンにオリーブオイル少々（分量外）を熱し、サルチャを炒める。甘い香りがしてきたら、残りのソースの材料を入れ、ひと煮立ちしたら火を止める。
4. **2**のハンバーグを**3**のソースにつけ、ソースがしみてきたらバンズパン2枚でハンバーグを挟んでさらにソースをかける（**a**）。
5. **4**のハンバーガーをラップなどで包んで味をなじませる（**b**）。表面が湿ってシワシワになるまでおき、好みでピクルス（分量外）と一緒に食べる。

ピデ
Pide

トルコは良質な小麦の産地。産地ならではの興味深い粉もの料理がいっぱい。
ピデはピタのようなパンを薄く伸ばしたものでひき肉やほうれん草、
白チーズや卵などの具材をのせて焼いたもの。舟のような形が印象的です。
イタリアのピザはトルコが発祥というトルコ人もいるほど、現地ではポピュラーな存在。
店では釜で焼かれ、食べやすくカットされて出されます。
焼きたては格別のおいしさ。

ほうれん草と白チーズのピデ

チーズのピデ

基本のピデ生地
☪ Pide

a b c d

Ingredients

材料（作りやすい分量）
強力粉…160g
薄力粉…40g
ドライイースト…小さじ½
塩…小さじ½
砂糖…小さじ½
水…140ml
オリーブオイル…大さじ½
打ち粉…適量

1. ボウルに打ち粉以外のすべての材料を入れて混ぜ（**a・b**）、ひとまとまりになったら打ち粉をした台に移し、なめらかになるまでこねる。
2. 生地をまとめてボウルに戻してラップをかけ、あたたかい場所で40分〜1時間発酵させる（**c**）。
3. **2**の生地が約2倍の大きさになったら、軽く押してガスを抜いて生地をまとめる（**d**）。

 ### ラマザン・ピデ
Ramazan Pidesi

ラマザンは1年に1度行われるイスラム教の習慣。
断食月に日の出から日没までの間、飲食をせず、
空腹の苦しさと貧困者の立場を知り、食べ物の大切さを
再確認します。この時期に出回るのがこのパン。
お金持ちがふるまったり、家族や仲間とシェアして食べます。

ほうれん草と白チーズのピデ／チーズのピデ
☪ *Ispanak ve Peynirli Pide* ／ ☪ *Karışık Pide*

a

b

c

↑チーズのピデ　↑ほうれん草と白チーズのピデ

Ingredients

【ほうれん草と白チーズのピデ】
材料（18〜20cmの楕円形・2枚分）
基本のピデ生地（P.048）…½量
ほうれん草（ゆでてきざむ）…1束分
白チーズ（またはフェタチーズ）…100g
サラダ油…適量

【チーズのピデ】
材料（30cmの楕円形・1枚分）
基本のピデ生地（P.048）…½量
白チーズ（またはフェタチーズ）…50g
グリエールチーズ（またはピザ用チーズ）
　　…100g
サラダ油…適量

【ほうれん草と白チーズのピデ】
1. 基本のピデ生地を2等分して、それぞれを長さ18〜20cmの楕円に伸ばす（**a**）。縁を2〜3cm残し、ほうれん草をしき、白チーズをちぎって散らす（**b**）。
2. 縁を折り込み（**c**）、縁にサラダ油を塗る。オーブンシートごと天板にのせ、240℃に予熱したオーブンで約10分、焼き色がつくまで焼き、食べやすい幅に切り分ける。

【チーズのピデ】
1. 基本のピデ生地をオーブンシートの上で長さ約30cmの楕円に伸ばし、縁を2〜3cm残して、2種類のチーズを広げてのせる。
2. 縁を折り込み、縁にサラダ油を塗る。オーブンシートごと天板にのせ、240℃に予熱したオーブンで約10分、焼き色がつくまで焼き、食べやすい幅に切り分ける。

材料（1枚分）
A ┌ 強力粉…250g
　├ ドライイースト…3g
　├ 塩・砂糖…各小さじ1
　└ オリーブオイル…大さじ1
水…150ml　卵黄…1個分
白ごま・ブラッククミンシード
（または黒ごま）…各適量

❶ ボウルに A を合わせ入れ、分量の水を加えてひとまとまりになるまでこねる。耳たぶくらいのかたさになったらラップをかけ、あたたかい場所で30〜40分発酵させる。
❷ 生地を手で軽く押してガス抜きし、オーブンシートをしいた天板にのせて、めん棒で直径約25cmに広げる。
❸ 仕上げに卵黄を全体に塗り、縁を包丁の背でぐるりとなぞって内側に格子の筋を入れる。白ごまとブラッククミンシードを散らす。
❹ 250℃に予熱したオーブンで7〜10分、焼き色がつくまで焼く。

ラフマジュン
☪ Lahmacun

アラビア語で肉とパン生地という意味をもつ薄焼きのピザ。
もともとは遊牧民をルーツとする南東部アナトリアの郷土料理で、今ではトルコ全土で食べられています。
街角のケバブ屋などで売られていて、パセリをのせ、レモンを搾ってくるくるっと巻いてほお張ります。

Ingredients

材料（直径25cm・4枚分）

A
- 強力粉…300g
- 塩…小さじ1
- ドライイースト…小さじ¼
- オリーブオイル…大さじ1
- 水…180ml

打ち粉…適量

【フィリング】
- 牛ひき肉（または羊肉）赤身…200g
- トマト（すりおろし）…1個分
- 玉ねぎ（すりおろし）…¼個分
- ピーマン（みじん切り）…1個分
- サルチャ（P.125）…大さじ1
- イタリアンパセリ（みじん切り）…大さじ1
- 塩…小さじ1強
- こしょう・プルビベル（P.124）…各小さじ1

【仕上げ用】
- レモン（くし形切り）…4かけ
- イタリアンパセリ…たっぷり

1. ボウルにAの材料を合わせ入れてこねる。ひとまとまりになったら、打ち粉をした台に移し、生地が手につかなくなるまでこねる。生地がなめらかになったらボウルに戻し、ラップをかけて40分〜1時間、あたたかい場所で発酵させる。
2. 【フィリング】ボウルにフィリングの材料をすべて入れてよく混ぜる。
3. 1の生地を軽く押してガスを抜き、4等分にする。オーブンシートをしいた天板に生地をのせ、それぞれ直径25cmくらいに薄く伸ばす。
4. 2のフィリングを4等分にしてそれぞれの生地に塗る。
5. 230℃に予熱したオーブンで8〜10分焼く。
6. レモンとイタリアンパセリを添え、レモンを全体に搾り、イタリアンパセリを一緒に巻いて食べる。

Memo
・フィリングのピーマンをししとうがらし3本にかえて作ることも可能です。

ギョズレメ
☪ Gözleme

薄く伸ばした生地に白チーズやほうれん草などの具を包んだトルコ風クレープ。
家庭でも好んで作られる人気メニューで、市販のユフカ（P.081 参照）を利用して手軽に作られています。
小麦の一大産地である、トルコ中央部のアナトリア地方を代表する家庭料理です。

a　　　　　　　　**b**　　　　　　　　**c**　　　　　　　　**d**

Ingredients

材料（4枚分）

A ┌ 強力粉・薄力粉…各80g
　├ 塩…小さじ½
　└ 水…100ml

溶かしバター・打ち粉…各適量

【ほうれん草フィリング・作りやすい分量】
ほうれん草（ゆでたもの）…1束分
バター…少々
塩・黒こしょう…各小さじ½

【ポテトフィリング・作りやすい分量】
じゃがいも（中）…2個
サルチャ（P.125）…小さじ1
バター…大さじ½
塩…小さじ½
黒こしょう…適量

1. 生地を作る。ボウルに **A** の材料を合わせ入れ、よくこねる。打ち粉をした台に生地を移し、耳たぶくらいのかたさになったら、ひとまとめにしてボウルに戻し、ラップをかけて室温で約40分休ませる。
2. 1の生地を4等分にして丸める。それぞれ打ち粉をして、めん棒で直径30cmに伸ばす。
3. 【ほうれん草フィリング】ほうれん草は水気をきって細かく切る。フライパンにバターを溶かし、さっと炒めて、塩、黒こしょうで味つけする。

   【ポテトフィリング】じゃがいもはゆでてつぶし、残りの材料を合わせる。
4. ほうれん草、またはポテトフィリング適量を **2** の生地の中心に広げてのせ、四辺を内側に折りたたむ（**a・b**）。
5. フライパンを火にかけて **4** を入れ（**c**）、溶かしバターを塗り広げながら、両面をこんがり焼く（**d**）。

イスケンダル・ケバブ

İskender Kebap

トルコ北西部、オスマントルコの古都ブルサの名物料理。
イスケンダルはこの料理を考案した人の名前だといわれています。
バズルマ（P.032 参照）を小さく切って皿にのせ、ケバブ、トマトソース、ヨーグルトソースをかけます。
肉汁とソースがじんわりしみたパンが美味。

a

b

c

Ingredients

材料（2〜3人分）
牛肉（赤身ブロック）…200〜300g
A ┌ 塩…小さじ1〜2　こしょう…適量
　└ プルビベル（P.124）…小さじ 1/4
バズルマ（P.032）…2枚
オリーブオイル…適量

【トマトソース】
ホールトマト缶…1/2缶（200g）
にんにく（すりおろし）…1かけ分
オリーブオイル・サルチャ（P.125）
　…各大さじ1
塩…小さじ1　水…100ml
砂糖…ひとつまみ

【ヨーグルトソース】
プレーンヨーグルト（P.125）…200g
にんにく（すりおろし）…小さじ 1/2

【仕上げ用】
バター…大さじ1
プルビベル（P.124）…小さじ1

1. 肉はスライスしやすいよう、切る2〜3時間前に冷凍庫で半冷凍にしてからそぎ切りにする。
2. トマトソースを作る。鍋にオリーブオイルを熱し、サルチャを炒める。オイルが赤くなり、甘い香りがしてきたら、残りのソースの材料を入れ、沸騰してから約10分煮て火を止める。
3. フライパンにオリーブオイルを熱し、**1**の肉を強火で炒めて色が変わったらふたをする。肉に火が通ったら、**A**で味つけして火を止める。
4. ヨーグルトソースのヨーグルトは軽く水きりをし、にんにくと合わせる。
5. バズルマは食べやすくひと口大に切って皿に並べて**3**の肉をのせ（**a**）、**2**のトマトソース（**b**）、**4**のヨーグルトソースの順にかける（**c**）。
6. 別のフライパンに仕上げ用のバターを熱してプルビベルを加え、香りが立ってきたら、**5**にまわしかける。

Kahvaltı
朝食はパンといっしょに

トルコ人にとって朝食は1日の中でも大切な食事。
卵料理も朝食の定番。
メネメンやスジュック（辛いサラミ）がのった目玉焼き、
ヨーグルトをかけたポーチドエッグなどもユニーク。
焼きたてのパンと飲みものを添えて。

作り方 ⇨ **1.** メネメン（P.058）、**2.** シミット（P.012）、**3.** ヨーグルトとはちみつ、**4.** チャイ（P.102）

作り方 ⇨ **1.** ほうれん草の目玉焼き（P.058）、**2.** レチェリ（トルコ風チェリージャム P.058）、**3.** トルココーヒー（P.102）、**4.** エキメッキ

メネメン Menemen

朝ごはんの定番！トルコのスクランブルエッグ。

Ingredients

材料（2〜3人分）
卵…3個　トマト…1個
玉ねぎ…⅓個　ピーマン…1個
白チーズ（またはフェタチーズ、好みで）
　…大さじ1
牛ひき肉（好みで）…50g
塩…小さじ½　オリーブオイル…大さじ2

1. トマトは角切り（またはすりおろし）、玉ねぎとピーマンはみじん切りにする。
2. フライパンにオリーブオイルを熱して玉ねぎを炒め、しんなりしたら、ひき肉、ピーマン、トマトの順に炒める。
3. トマトに火が通ったら、白チーズを加え、卵を割り入れてかき混ぜ、塩で味を調える。好みの加減に火を通す。

ほうれん草の目玉焼き Ispanaklı Yumurta

クタクタになったほうれん草が、いかにもトルコ的。

Ingredients

材料（2人分）
ほうれん草（ゆでたもの）…1束分　卵…2個
A ┌ 塩…小さじ½
　│ 黒こしょう・プルビベル（P.124）
　└ …各小さじ¼
オリーブオイル…大さじ1

1. ほうれん草はゆでて水気をきり、細かく切る。
2. フライパンにオリーブオイルを熱し、1のほうれん草を炒め、Aを加え混ぜる。
3. 2のほうれん草に、卵の数だけ丸いくぼみを作り、それぞれに卵を割り入れる。
4. ふたをして、卵を好みの加減に火を通す。好みで黒こしょうとプルビベル（各分量外）をふる。

Column: レチェリ（トルコ風チェリージャム） Vişne Reçeli

トルコでは季節のフルーツを使ってジャム作りを楽しみます。いちじくやいちごなどもおすすめです。現地では果物と同量かそれ以上の砂糖を加えますが、お好みで加減してください。

❶ 小鍋に軸と種を除いたダークチェリー400gと砂糖350gを交互に2〜3回に分けて入れ、1時間〜1晩、チェリーの水分が十分に出るまでおく。
❷ ❶の小鍋を火にかけ、アクをとりながら弱火で15〜20分煮る。チェリーの形が少し残るくらいで火を止め、レモン汁大さじ1を加え、とろみが出るまで混ぜる。
❸ ❷が熱いうちに煮沸消毒した保存瓶に詰め、しっかりふたをする。

Turkey Memo
3
おいしいカフヴァルトゥで朝から幸せ気分

　トルコ人は朝食をとても大切にしています。だからトルコでは朝ごはんの選択肢がいっぱい。シミットなどの屋台のパン、サンドイッチ、ボレック、スープ……。簡単に済ませたい時はこれに限ります。カフヴァルトゥはトルコ語で朝食のこと。ロカンタやカフェでは専用のメニュー（のこともカフヴァルトゥという）があり、定番はトマト、きゅうり、いろいろなチーズ、オリーブ、ジャム、ヨーグルト、はちみつ、ハム、卵料理……と種類も豊富。これにパンとチャイは必須です。店によってはビュッフェスタイルのところもあります。

　朝から幸せな気分にさせてくれるトルコの朝食。せっかくならゆっくり時間をかけて食べたいと思いますよね。それもそのはず、このカフヴァルトゥは結構長く、お昼をすぎてもやっていたりするのです。そのため、ランチを目当てに行ってもカフヴァルトゥしかないと言われてしまうこともあるので、旅行の時はご注意を。また休日や特別な日には家庭でも家族や友人を招いてゆっくりカフヴァルトゥを楽しむ習慣があります。ぜひ真似したいですね。

トルコは何を隠そう粉もの文化の国。
おいしい小麦を使ったさまざまな料理やお菓子があります。
粉は生地にしたり、煎ったり、混ぜて焼いたり、揚げたり。
またブルグルという小麦の粒を使った料理もあります。
その多様性は、粉もの文化の底力を感じるとともに、
トルコが世界三大料理である所以でもあります。
小麦を通してバラエティ豊かな味に出会うことができるでしょう。

Manti

マントゥ P.064
シルクロードを経て伝わった
トルコ風の水餃子

Kabak Mücve

**ズッキーニの
ムジュヴェル** P.068
トルコ版野菜のお焼きは
トルコの家庭料理の定番

Erişte

エリシュテ P.070
冬の保存食としても活躍する
手打ちショートパスタ

Un, Bulgur
トルコの粉もの・いろいろ

粉食の文化を受け継ぐ、
バラエティ豊かでユニークな粉もの料理の数々。

Bulgur

ブルグル P.076-079
トルコの食生活に欠かせない
小麦の加工品

Makarna

マカルナ P.072, 074, 075
世界有数の小麦粉産地の
マカルナ（パスタ）は
形も種類も豊富

İçli Köfte

イチリ・キョフテ P.076
キョフテをブルグル生地で
包んだユニークな揚げ団子

Su Böreği

ス・ボレック P.083
何層にも生地とチーズを
重ねたオーブン焼き

Sigara Böreği

シガラ・ボレイ P.084
白チーズとパセリを
くるくる巻いた揚げパイ

Puf Böreği

パフ・ボレック P.085
肉入りの揚げパイは手軽な
ファストフード的存在

Gül Böreği

ギュル・ボレイ P.086
トルコを象徴するバラに
見立てたお洒落なパイ

Tepsi Böreği

焼きボレイ P.087
ユフカ生地に肉を挟んだ
トルコ風のミートパイ

Revani

レヴァニ P.094
セモリナ粉を牛乳で練って
作る昔ながらの甘いもの

Tulumba

トゥルンバ P.090
できたてが最高！シロップが
しみこんだ揚げ菓子

Hamur Kızartması

生地の揚げもの P.096
トルコの子供たちが大好きな
素朴なおやつ

Tuzlu Kurabiye

塩味のクッキー P.100
さくっとした食感と
ほのかな甘みが後をひく

Baklava

バクラヴァ P.092
甘くておいしい！
トルコのスイーツの大定番

Irmik Helvası
イルミック・ヘルヴァ P.098
香ばしい粉の風味と独特の
食感が懐かしい味わい

マントゥ
☪ Manti

トルコ風の水餃子「マントゥ」は中央アジアからシルクロードを経てトルコ、コーカサス、周辺諸国へと形を変えながら広まったロマンある料理。指先ほどの小さなマントゥをゆでてヨーグルトソースや唐辛子オイルをかけます。トマトソースをかけたり、揚げたり、スープに入れることも。手間がかかるのでトルコの家庭では休日や特別な日に作ります。

Ingredients

材料（3〜4人分）
A ┌ 強力粉・薄力粉…各150g
　├ 塩…小さじ1
　└ 卵…1個
　　水…100〜120ml
打ち粉…適量

【フィリング】
牛ひき肉（赤身）…150g
玉ねぎ（すりおろし）…½個分
塩…小さじ1
プルビベル（P.124）…適量
黒こしょう…適量
イタリアンパセリ（みじん切り）…大さじ2
薄力粉…少々

【ヨーグルトソース】
プレーンヨーグルト…300g
にんにく（すりおろし）…小さじ⅔
塩…小さじ⅔

【仕上げ用】
バター…大さじ2
プルビベル（P.124）…少々
黒こしょう…少々

1. 生地を作る。ボウルに**A**の材料を合わせ入れ（**a**）、分量の水を少しずつ加えてゴムべらで水分を全体になじませる（**b**・**c**）。

2. 生地がひとまとまりになったら、打ち粉をした台に移し、なめらかになるまでこねてまとめる（**d**）。ぬれ布巾をかけて室温で約30分休ませる。

3. フィリングと、ヨーグルトソースの材料を、それぞれ混ぜておく。

4. **2**の生地を3等分にし、約30cm角に伸ばす（**e**）。2cm角になるよう切り（**f**）、**3**のフィリングを少量ずつのせる（**g**）。指先を使って生地の対角線で閉じる（**h**・**i**）。

5. 鍋にたっぷりの湯を沸かし、**4**のマントゥをゆでる。浮いてきてから5〜6分ゆでたら水気をきって器に入れ、**3**のソースをかける。

6. 仕上げにフライパンを火にかけてバターを溶かし、プルビベルと黒こしょうを入れ、香りが立ってきたら、**5**にまわしかける。好みでピクルスやプルビベルを添える。

Memo
- 牛ひき肉を羊ひき肉にして作ることもできます。
- 水を加えるときは、一度に全部加えずに、生地の状態を確認しながら水分量を調節してください。
- 包んだ状態で冷凍することもできます。バットなどに並べて冷凍してから、ビニール袋に移して冷凍するとくっつくのを防ぐことができます。

ズッキーニのムジュヴェル
☪ Kabak Mücve

トルコ版野菜のお焼き。メゼ（冷たい前菜）と主菜の間に食べる温かい料理のひとつで、家庭料理の定番です。爽やかなヨーグルトソースでいただきます。ズッキーニが有名ですが、なすやかぼちゃなどでも作られます。手軽に作れるのでおやつにもぴったり！

a　　　　　　　　　b　　　　　　　　　c

Ingredients

材料（直径4～5cmの小判形・約10枚分）

ズッキーニ…1本
玉ねぎ…½個
オリーブオイル（またはバター）…大さじ1
A ┌ 白チーズ（またはフェタチーズ）
　│　　…30～50g
　│ ディル（粗みじん切り）…大さじ½
　│ 薄力粉…70～90g
　│ 卵…1個
　│ 塩…小さじ½
　└ 黒こしょう…少々

【ヨーグルトソース】
プレーンヨーグルト…1カップ
塩・にんにく（すりおろし）…各小さじ½

オリーブオイル（揚げ焼き用）
　　…大さじ2～3

1. ズッキーニと玉ねぎは、それぞれすりおろす。
2. フライパンにオリーブオイルを熱して**1**の玉ねぎを炒める。水分がほとんど飛んだら、ズッキーニを加えてさらに炒め合わせ、少し水分を残して火を止める。
3. ボウルに**2**と**A**の材料をすべて入れて混ぜ合わせる。
4. フライパンに揚げ焼き用のオリーブオイルを熱し、生地をスプーンなどで落とし入れ、4～5cmくらいに広げ（**a**）、両面を色よく揚げ焼きにする（**b・c**）。
5. ヨーグルトソースの材料を合わせ、器に盛った**4**に添え、刻んだディル（分量外）を添える。

Memo
・白チーズ（フェタチーズ）がない場合は、カッテージチーズや水気をきったプレーンヨーグルト（P.125）でも代用できます。

カラスミとパセリのエリシュテ
Kurutulmuş Kefal Karaca ve Maydanoz Erişte

エリシュテはトルコの保存食用の手打ちパスタで、秋が近づくと冬用に手作りします。
生地を伸ばして短く切り、乾燥保存。ゆでてソースと和えたり、スープに入れたりします。
ここではカラスミとパセリをからめてシンプルに。クセになるおいしさです。

a　　　　　　　　b　　　　　　　　c　　　　　　　　d

Ingredients

材料（作りやすい分量）

【エリシュテ】
強力粉・薄力粉…各75g
卵…½個
塩…小さじ½
水…50〜60ml
打ち粉…適量

【カラスミとパセリのエリシュテ・2〜3人分】
エリシュテ…できあがり½量
オリーブオイル…大さじ1〜2
にんにく（みじん切り）…小さじ1
A ┌ カラスミ（粉末）…大さじ1〜2
　│ イタリアンパセリ（みじん切り）…大さじ½
　│ プルビベル（P.124）…小さじ½
　└ 黒こしょう…少々
塩…小さじ½

1. エリシュテを作る。ボウルに強力粉と薄力粉を合わせ入れ、真ん中にくぼみをつくり、卵、塩、分量の水を入れてこねる（**a**）。なめらかになったらぬれ布巾をかけ、室温で約20分休ませる。
2. 打ち粉をした台に**1**の生地をめん棒で2mm厚さに伸ばし、約15分おいて少し乾燥させる。6cm幅に切って重ね（**b**）、3〜5mm幅に切り（**c**）、打ち粉をして麺をほぐす（**d**）。
3. たっぷりの熱湯で**2**のエリシュテを4〜5分ゆでて水気をきる。ゆで汁はとっておく。
4. カラスミとパセリのエリシュテを作る。フライパンにオリーブオイル、にんにくを入れて火にかけ、香りがたってきたら、パスタのゆで汁少々でなじませ、火を止める。
5. **4**に**3**のエリシュテと**A**を合わせ入れてからめ、塩で味を調える。

Memo
- エリシュテを保存する場合は、ざるなどに広げ、風通しのよい場所で完全に乾くまで乾燥させます。密閉保存し、2〜3ヶ月を目安に使いきります。
- カラスミの量は好みで加減します。

焼きスパゲッティ

 *Fırın Makarna*

一見するとマカロニグラタンのようですが、マカロニではなくスパゲッティで作ります。
小麦の産地であるトルコでは米粒状のパスタ、ショートパスタ、
ロングパスタなどパスタの種類も豊富で、ピラウ（ピラフ）やスープにと食べ方も多彩です。
パスタはやわらかくゆでるのがトルコ風。

Ingredients

材料（3～4人分）
スパゲッティ（1.7mm）…150g
白チーズ（フェタチーズ）…100g
バター…大さじ3
【ソース】
牛乳…150ml
卵…3個
グリエールチーズ（またはピザ用チーズ）
　…½カップ

1. 鍋にたっぷりの熱湯を沸かし、塩少々（分量外）を加えてスパゲッティをやわらかめにゆでて水気をきり、冷水にさらす。白チーズは細かくちぎっておく。グリエールチーズはすりおろしておく。
2. 別の鍋を熱してバターを溶かし、**1**のスパゲッティを炒める。
3. ソースの材料を混ぜ合わせる。
4. **2**のスパゲッティに**3**のソースの半量、**1**の白チーズの半量を加え混ぜて耐熱容器に入れる。残りのソースをまんべんなくかけて、残りの白チーズを散らし、200℃に予熱したオーブンで約30分、焼き色がつくまで焼く。

Memo

- トルコでは小麦を使った麺類、スパゲッティやマカロニなどパスタ全般のことを「マカルナ」といいます。そして、マカルナはしっかりゆでるのがトルコ風。
- トルコではカシャールチーズ（トルコの溶けるハードタイプチーズ）を使いますが、ここではグリエールチーズ（またはピザ用チーズ）で代用しています。

ヨーグルト・パピヨン・マカルナ
☾ Yoğurtlu Papillon Makarna

ヨーグルトとパスタの組み合わせ!? トルコでは、料理にヨーグルトを多用します。
パスタも然り。特に肉類と好相性です。料理の味の決め手にもなります。
可愛い蝶々形のパスタで作りました。

Ingredients

材料（2〜3人分）
ショートパスタ（蝶々形）…150g
牛ひき肉（赤身）…60〜80g
玉ねぎ（みじん切り）…1/2個分
バター…適量
塩…小さじ1　こしょう…適量
【ヨーグルトソース】
プレーンヨーグルト…100g
にんにく（すりおろし）…小さじ1
【仕上げ用】
バター…大さじ1
プルビベル（P.124）…小さじ1/2

1. フライパンを熱してバターを溶かし、牛ひき肉と玉ねぎをよく炒め、塩、こしょうで味を調える。
2. ショートパスタは、塩少々（分量外）を加えた熱湯でやわらかめにゆで、水気をきる。
3. 2のパスタをゆでた鍋を火にかけてバターを溶かし、2のショートパスタを戻してからめ、1も加えて混ぜ合わせる。ヨーグルトソースの材料を合わせて加え、全体に和える。
4. 別の鍋に仕上げ用のバターを熱してプルビベルを加え、香りが立つまで加熱する。
5. 3を器に盛って4をまわしかける。

サルチャ味のマカルナ

☪ Salçalı Makarna

マカルナ（パスタ）はトルコでは手軽に食べられるファストフード的な存在です。
トマトの味わいが凝縮したサルチャ味は定番中の定番。
白チーズをトッピングするところがトルコ流。

Ingredients

材料（2〜3人分）
ショートパスタ（フジッリ）…150g
サルチャ（P.125）…大さじ1½
オリーブオイル（またはバター）…大さじ2
にんにく（すりおろし）…小さじ½
塩…小さじ½
黒こしょう・ドライオレガノ…各少々
白チーズ（フェタチーズ）…大さじ1

1. 鍋に熱湯を沸かして塩（分量外）を入れ、ショートパスタをやわらかめにゆで、水気をきる。
2. フライパンにオリーブオイルを熱してサルチャを炒め、香りが立ってきたらにんにくを入れて炒める。塩、黒こしょう、ドライオレガノ、水大さじ2〜3（分量外）を加えて、火を止める。
3. 2のフライパンに1のゆでたショートパスタを入れ、ソースをからめる。
4. 器に盛り、白チーズをくずしながら散らす。

Memo
・ショートパスタは、ペンネなど好みのもので大丈夫です。

イチリ・キョフテ
☪ İçli Köfte

トルコ風肉団子のキョフテを、ブルグル（ひき割り小麦）を練った生地で包んで揚げた
ユニークな揚げ団子です。もともとはレバノンのキッビという料理がルーツとされ、
トルコ南東のシリア国境に近いシャンルウルファの名物料理。粒つぶの食感が残った皮が、なんともいえず美味。

a　　　　　　　b　　　　　　　c　　　　　　　d

Ingredients

材料（6個分）
ブルグル（細びき P.125）…1カップ
熱湯…1カップ
A ┬ セモリナ粉・薄力粉…各大さじ3
  │ 卵白…2個分
  │ プルビベル（P.124）…小さじ1
  │ サルチャ（P.125）…小さじ1
  └ パプリカペースト（P.125）・塩…各小さじ1
【フィリング】
牛ひき肉（赤身）…100g
玉ねぎ（みじん切り）…1/3個分
イタリアンパセリ（みじん切り）…大さじ1
くるみ（粗みじん切り）…大さじ2〜3
オリーブオイル…大さじ1
B ┬ 塩…小さじ1
  └ 黒こしょう・プルビベル（P.124）…各小さじ1/2

揚げ油…適量

1. 生地を作る。ボウルにブルグルと分量の熱湯を入れてざっと混ぜ、ラップをかけて約10分蒸らす。
2. 【フィリング】フライパンにオリーブオイルを熱して玉ねぎを炒め、しんなりしたら牛ひき肉を入れて炒める。肉の色が変わったら、**B**の材料を加えて、イタリアンパセリとくるみを加え混ぜて火を止める。粗熱をとって6等分にする。
3. **1**のブルグルに、**A**の生地の材料を加えてよくこねる（**a**）。まとまってきたら、手に水をつけながら、6等分にして丸める。
4. **3**で丸めた生地を指で押してくぼみを作り、**2**のフィリングを詰めて閉じ（**b・c**）、レモンのような形に成形する（**d**）。
5. 170℃の油で7〜8分、こんがり揚げる。

Memo
・トルコの定番ヨーグルトドリンク、アイラン（P.103参照）といっしょにどうぞ。

クスル

☾ *Kisir*

トルコ人の大好物！ひき割り小麦のブルグルが主役のサラダです。
簡単にできるのに、おいしいのがうれしい。
トルコでは家庭の食卓によく登場する料理で、レタスに包んで食べます。

Ingredients

材料（2〜3人分）
ブルグル（細びき P.125）…1カップ
熱湯…1カップ
玉ねぎ（みじん切り）…⅓個分
サルチャ・パプリカペースト（P.125）…大さじ1
プルビベル（P.124）・塩…各小さじ1
ぶどうの濃縮液（P.125）・レモン汁
　…各大さじ1
オリーブオイル…大さじ1〜2
パセリ（みじん切り）…大さじ1
細ねぎ（小口切り）…大さじ3
レタス（せん切り）…3枚分

1. ボウルにブルグルと分量の熱湯、塩小さじ½（分量外）を入れて混ぜ、ラップをかけて15〜20分蒸らす。
2. フライパンにオリーブオイル少々（分量外）を熱して玉ねぎを炒め、しんなりしてきたら、サルチャ、パプリカペーストを入れて炒め合わせ、プルビベル、ぶどうの濃縮液を加えて混ぜ、火を止める。
3. 1のボウルに2のソースを入れて混ぜ、塩、レモン汁、オリーブオイルを加えて混ぜる。パセリ、ねぎ、レタスを加えて混ぜ、レタス適量（分量外）をしいた器に盛る。

Memo

・クスルの甘みづけには、ぶどうの濃縮液（または砂糖）を使っていますが、好みでどうぞ。

肉入りブルグルのピラウ

☪ *Etli Bulgur Pilavı*

ピラウは米や麦を炊いた料理で、日本でいうピラフのようなもの。
遊牧民の食がルーツとされ、オスマントルコの宮廷料理では重要な存在です。
メイン料理の付け合わせとして、様々なピラウが作られていました。

Ingredients

材料（2〜3人分）
羊もも肉（カレー用）…100g
ブルグル（丸粒 P.125）…1カップ
玉ねぎ（みじん切り）…½個分
ししとうがらし（斜め切り）…2本分
サルチャ（P.125）…小さじ½
バター…大さじ2
オリーブオイル…大さじ1〜2
塩…小さじ1
こしょう…適量
水…2カップ

1. 羊もも肉は、2cm角に切る。
2. 鍋にバターとオリーブオイルを熱して玉ねぎを炒め、しんなりしてきたら、ししとうがらしを加えて炒め合わせる。
3. 2の鍋に1の羊肉を入れ、肉の色が変わったら、塩、こしょう、サルチャを加えて炒め合わせる。最後にブルグルを加えて混ぜ合わせ、分量の水を加える。
4. 沸騰してきたら、ふたをして弱火で約15分煮る。ブルグルが水分を吸ったら火を止め、ふたをして約10分蒸らす。

Turkey Memo
4
トルコの粉食文化のルーツでもあるユフカ

　ユフカは小麦粉と水をこねた生地を、専用の細い棒で薄くのばして鉄板で焼いたもの。もともとはトルコ料理のルーツでもある南東部の遊牧民の食べ物で、ケバブといっしょに食べます。昔はユフカ作りは女性の仕事で、ユフカが作れるようになれば一人前といわれていたそうです。今は家庭でユフカを作るのは大変なのでお店で買う方が一般的です。街にはユフカジュ（ユフカ専門店）があり、近所のユフカジュで買う人もいます。私が訪れたのは40年前から、3代続くユフカ屋さん。明るい作業場は粉のせいか、全体的に白くて製麺所のよう。紙よりも薄いユフカは、途中までは専用の機械でのばしているのだそうです。作業の合間に飲みかけのチャイグラスとポットが置いてあるのも、トルコらしい日常の風景です。

　また、ユフカの生地を使って作るパイ、ボレッキは、オスマントルコ帝国時代に宮廷の料理人たちによって様々な料理が考案されたもののひとつで、今ではトルコ料理の中でも重要な料理のひとつになっています。

基本のユフカ生地

Yufka

a　　　　　**b**　　　　　**c**　　　　　**d**

Ingredients

材料（直径40cm・4枚分）
薄力粉…100g
強力粉…100g
溶かしバター…大さじ1
水…60ml
卵…1個
塩…小さじ½
打ち粉…適量

1. ボウルに打ち粉以外の材料を入れて混ぜる（**a**）。生地がひとまとまりになったら、打ち粉をした台に移し、なめらかになるまでこねる。
2. 生地を丸めてボウルに戻し、ラップをかけて約15分、室温で休ませる。
3. **2**の生地を4等分にし（**b**）、それぞれ打ち粉をしながら直径40cmの薄い生地に伸ばしていく（**c・d**）。

Memo
- 溶かしバターのかわりに、サラダ油やオリーブオイルで作っても。
- 生地が薄いので、伸ばした後、少しおいて表面を軽く乾燥させると扱いやすくなります。
- 伸ばした生地をすぐ使わない場合は、フライパンで両面をさっと焼きます。

Column 家庭用のユフカ作りの道具

ユフカは今では専門店（ユフカジュ）や
市販のものを利用することが多いですが、手作りもします。
この道具はイスタンブールの問屋街で見つけた
家庭用のユフカ道具。薄く大きく伸ばすための
細いめん棒と台、独特の凸レンズのような焼き台です。

ス・ボレイ

Su Böreği

「ボレッキ」とはパイ（ユフカを使った料理）のことで歴史も古く、トルコ料理の中でも代表的な料理のひとつです。「ス」は水のことで、ゆでたユフカにチーズ入りの具を何層にも重ねてオーブンで焼くと、まるでラザニアのよう。手作りならではのおいしさがあります。

Ingredients

材料（直径20cmの耐熱皿1台分）
基本のユフカ生地（P.082）…4枚
【フィリング】
白チーズ（またはフェタチーズ）…200g
グリエールチーズ（またはピザ用チーズ）
　…50g
牛乳…大さじ1～2
卵…1個
イタリアンパセリ（粗みじん切り）…大さじ1
ディル（粗みじん切り）…大さじ1

溶かしバター…適量

1. ボウルにフィリングの材料を合わせる。
2. 基本のユフカ4枚のうち1枚は全形で、残り3枚はそれぞれ半分に切る。鍋に塩少々（分量外）を加えて熱湯を沸かして、ユフカを1枚ずつゆでて水気をきっておく。
3. 耐熱皿に溶かしバターを塗り、全形のユフカ1枚をはみ出したまましき込み、溶かしバターを塗る。2枚目（半分に切ったもの）をしき、はみ出た生地は中に折り込む。
4. 3～6枚目はフィリングを間に挟んで重ね、最後に皿からはみ出た生地を折り込む。
5. 表面に溶かしバターを塗り、200℃に予熱したオーブンで20～30分、焼き色がつくまで焼く。耐熱皿の底面を上にして皿から出し、食べやすく切る。

シガラ・ボレイ

☪ *Sigara Böreği*

ユフカの生地を三角に切り、巻きタバコのように
巻いたボレック。現地のスーパーには
シガラ・ボレイ用の三角のユフカもあるほど
ポピュラーで、家庭でもよく作られています。

a　　　　　b

Ingredients

材料（6本分）
基本のユフカ生地（P.082）…1枚
【フィリング】
白チーズ（またはフェタチーズ）…100〜150g
イタリアンパセリ（粗みじん切り）…大さじ1
ディル（粗みじん切り）…大さじ1

揚げ油…適量

1. 基本のユフカの生地を放射状になるよう6等分に切り、三角形の生地を6枚用意する。
2. 【フィリング】ボウルに白チーズを手でちぎって入れ、残りの材料を入れて混ぜる。
3. 1の三角形の生地の底辺側に2のフィリングをのせ（**a**）、そのままくるくると巻き（**b**）、巻き終わりに水をつけてとめる。
4. 170℃の揚げ油できつね色に揚げる。

パフ・ボレイ

☾ Puf Böreği

肉入りの揚げパイは手軽なファストフード的存在。
揚げ餃子を思わせる味わいは
トルコがアジアの一角であると感じさせます。
これと似た料理は周辺諸国でも食べられています。

a　　　　　b

Ingredients

材料（8個分）
基本のユフカ生地の材料（P.082）…全量
【フィリング】
羊ひき肉… 200g
玉ねぎ（みじん切り）… 2/3個分
塩・黒こしょう… 各小さじ1
オリーブオイル… 小さじ2

揚げ油… 適量

1. 基本のユフカ生地の作り方の手順 **1**、**2** と同様に作り、8等分してそれぞれを直径約20cmに伸ばす。
2. 【フィリング】フライパンにオリーブオイルを熱して玉ねぎを炒める。しんなりしてきたら、羊肉を入れて炒め、肉の色が変わったら、塩、こしょうで味を調えて火を止める。
3. **1** の生地の半分に **2** のフィリングを適量広げてのせる（**a**）。生地を半分に折って半月形にして縁をパイカッターで切りながら押さえ、しっかりとじる（**b**）。
4. 170℃の揚げ油で、きつね色に揚げる。好みでプルビベル（分量外）をふる。

ギュル・ボレイ
Gül Böreği

トルコは世界的なバラの産地で、いろいろな場面でバラのモチーフが登場します。ここではユフカをバラの花に見立てたおもてなしにも向くボレッキを。フィリングはチーズでも。

Ingredients

材料（4個分）
基本のユフカ生地（P.082）…2枚
A ┌ 牛乳・プレーンヨーグルト…各50ml
　├ サラダ油…大さじ2
　└ 卵…1個

【フィリング】
牛ひき肉（赤身）…100g
玉ねぎ（みじん切り）…1/3個分
サルチャ（P.125）…大さじ1/2
イタリアンパセリ（粗みじん切り）
　…大さじ1/2
塩・黒こしょう…各小さじ1/2
オリーブオイル…大さじ1

【仕上げ用】
卵黄…1個分

1. 【フィリング】フライパンにオリーブオイルを熱して玉ねぎを炒め、しんなりしたら牛ひき肉を炒め合わせる。肉の色が変わったら残りの材料を入れ、さっと炒めて火を止める。
2. ユフカの生地は、それぞれ半分に切り、Aの材料をよく混ぜて塗る。1のフィリングを半月形の生地の曲線側に沿ってのせる。フィリングを芯にして、端からくるくると丸めて棒状にしたら、巻いてうず巻き状に成形する。
3. オーブンシートをしいた天板に2を並べ、仕上げ用の卵黄を塗る。180℃に予熱したオーブンで約30分、焼き色がつくまで焼く。

Memo
- ヨーグルトソースをかけてもおいしい。その場合、プレーンヨーグルト150mlに、すりおろしたにんにく小さじ1/2、塩少々を加えて作ります。
- 食べるときに、香りバターをかけてもおいしいです。香りバターは、熱したバター大さじ1にプルビベル（P.124）小さじ1/2を加えて熱したもの。

焼きボレイ
Tepsi Böreği

肉入りのサクサクのパイ。チャイと一緒に朝食に食べる人も多く、街にはボレチキ（ボレッキ専門店）があちこちにあり、好みのボレッキを好きな分だけ量り売りしてくれます。

Ingredients

材料（28 × 18cmの焼き皿1台分）
基本のユフカ生地（P.082）… 4枚

【肉のフィリング】
牛ひき肉（赤身）… 150g
玉ねぎ（みじん切り）… ½個分
塩・黒こしょう・プルビベル（P.124）
　… 各小さじ½
イタリアンパセリ（みじん切り）… 大さじ1
バター（またはオリーブオイル）… 大さじ½

【チーズのフィリング】
白チーズ（フェタチーズ）… 50g
グリエールチーズ（またはピザ用チーズ）
　… 30g

【ソース】
プレーンヨーグルト… 50ml
卵… 1個　牛乳… 大さじ1

溶かしバター… 適量

1. 【フィリング】肉のフィリングを作る。フライパンにバターを熱して牛ひき肉を炒める。肉の色が変わったら、残りの材料を入れ、汁気がなくなるまで炒める。
2. ボウルにソースの材料を合わせておく。
3. 焼き皿に溶かしバターを塗り、1枚目のユフカをはみ出したまま広げ入れる。2のソースを塗って2枚目のユフカをのせてソースを塗り、はみ出した生地を皿の形に合わせ、折りたたんでまたソースを塗る。
4. 3枚目のユフカをのせてソースを塗り、肉のフィリングをのせて同様に折りたたむ。ソースを塗り、チーズのフィリングをのせる。
5. 4枚目のユフカを重ねて、ソースを塗り、はみだした生地を内側にたたみ込む。
6. 表面に溶かしバター、残ったソースを塗り、200℃に予熱したオーブンで20～30分、焼き色がつくまで焼く。食べやすい大きさにカットする。

Turkey Memo
5
シロップたっぷり！ トルコの粉ものスイーツ

　トルコは料理に負けないくらい、お菓子の種類も多彩です。中でもターキッシュデライト（トルコ人の悦び）と呼ばれる「ロクム」は求肥のような食感でナッツやローズウォーターなどを練り込んだお菓子。おみやげとしても人気です。また牛乳とコーンスターチで作るプディング「ムハンレビ」は、いろいろな種類がありますが、この中でも異彩を放っているのが、鶏の胸肉が入った伝統菓子「カザンディビ」。意外な組み合わせですが、これまた美味！ これぞトルコ菓子のミラクルワールド。これだけでもトルコ菓子の多彩さを垣間みることができます。

　そして、粉ものスイーツの代表といえば、甘いことで有名な「バクラヴァ」。甘さの秘密はたっぷりしみ込ませたシロップ！ トルコでは宮廷菓子から家庭の焼き菓子まで、焼きたての菓子にたっぷりのシロップをしみ込ませて作ることが多く「甘くなければお菓子ではない！」と、トルコ人はいいます。トルコのお菓子は素朴さと甘さが魅力です。この甘さが幸せな気持ちにさせてくれます。

　街の菓子店のショーウィンドウには高く積まれた「カダイフ（極細麺を使ったお菓子）」や大きなトレイに「バクラヴァ」など、茶色やピスタチオ色の見るからに甘そうなスイーツが並んでいます。イスタンブールには老舗といわれる歴史のある菓子店がたくさんあり、どこもにぎわっています。食後やおやつ、特別な日、お客様をもてなす時、いつもお菓子があります。昔は砂糖が貴重だったので、砂糖をたくさん使ったお菓子は最高のおもてなしだったに違いありません。おもてなしが大好きなトルコ人。トルコのお菓子の甘さはおもてなしの心を表しているのかもしれません。

トゥルンバ
Tulumba

スペインのチュロスにも似た揚げ菓子。
大きめの口金で生地を絞り出して揚げ、熱いうちにシロップに漬けます。
パン屋さんや専門店では揚げたてを提供してくれるところも。
トルコ人はみんな決まって、「トゥルンバはできたてが一番！」と口をそろえます。

a

b

c

Ingredients

材料（作りやすい分量）
バター…50g
水…200ml
塩…少々
砂糖…大さじ½
薄力粉…125g
溶き卵…3個分
コーンスターチ…25g
【シロップ】
砂糖…500g
水…250ml
レモン汁…大さじ1

揚げ油…適量

1. 【シロップ】鍋に分量の水、砂糖を入れて煮立て、少し煮詰まったらレモン汁を入れて、火を止める。
2. 生地を作る。別の鍋を熱してバターを溶かし、分量の水、塩、砂糖を加える。ひと煮立ちしたら、弱火にして薄力粉を入れて、よくかき混ぜる。
3. 2の生地がひとまとまりになったら、火からおろして冷ます。冷めたら台に移し、溶き卵を何度かに分けて加えてその都度混ぜる（**a**）。卵がしっかり生地に混ざったら最後にコーンスターチを混ぜてまとめ、口金の大きな絞り袋に詰める（**b**）。
4. 3の生地を3〜4cm長さに絞り出して切り、揚げ油に落とす（**c**）。きつね色に揚がったら、とり出して油をきり、1のシロップに漬けてそのまま冷ます。

バクラヴァ

☪ Baklava

幾重にも重ねた薄い生地の間にくるみやピスタチオを挟んで焼き、
シロップをしみ込ませた焼き菓子。オスマントルコ時代には宮廷料理人が腕を競ったといい、
今でも中東、アラブ諸国、中央アジアで広く食べられています。
ここではパイシートを使って手軽に再現。チャイとともに優雅な気分を味わって。

a　　　　　　　　　　b　　　　　　　　　　c

Ingredients

材料（直径21cmの丸型／1台分）
冷凍パイシート（市販）…3枚
くるみ…50〜70g
ピスタチオ…50〜70g
溶かしバター…大さじ3

【シロップ】
水…1カップ
グラニュー糖…100g
はちみつ…½カップ
レモン汁…大さじ1

【仕上げ用】
ピスタチオ（細かくくだいたもの）…適量

1. パイシートは型の大きさに合わせて切る。くるみ、ピスタチオはフードプロセッサーなどで細かくしておく。
2. 型にパイシート1枚をしき、溶かしバター大さじ1を塗る。ナッツ類の半量を広げてのせる。2枚目のパイシートを重ね、溶かしバター大さじ1を塗って残りのナッツを散らし（**a**）、3枚目のパイシートを重ねて溶かしバター大さじ1を塗る。
3. ナイフの先でひし形の格子状に切れ目を入れ（**b**）、200℃に予熱したオーブンで約30分焼く。
4. 【シロップ】小鍋に分量の水とグラニュー糖を入れて火にかけ、沸騰したら、はちみつを加えて約10分煮る。少し煮詰まったらレモン汁を入れて混ぜ、火を止める。
5. 3が焼きあがったら、温かいうちに4のシロップをたっぷりとかけて（**c**）しみ込ませる。仕上げにピスタチオを散らす。

レヴァニ（セモリナ粉のケーキ） Revani

セモリナ粉で作ったケーキは、一見するとスポンジケーキやカステラのようですが、じつは甘いシロップがたっぷりしみ込んだ、いかにもトルコらしい趣のお菓子です。お好みで、生地にココナッツやレモン、オレンジの皮などを混ぜると爽やかに。

Ingredients

材料（20cm角の耐熱皿1台分）
卵…3個
サラダ油…100ml
砂糖…200g
プレーンヨーグルト…100g
薄力粉…180g
ベーキングパウダー…5g
バニラエッセンス…少々
レモンの皮（細切り）…大さじ½
セモリナ粉…100g
【シロップ】
水…400ml
砂糖…300g
レモン汁…½個分
【仕上げ用】
溶かしバター…適量
ココナッツファイン…適量

1. 【シロップ】鍋に分量の水と砂糖を入れ、沸騰したら約10分煮て、レモン汁を加えて火を止める。
2. ボウルに卵、サラダ油と砂糖を入れて、ハンドミキサーなどで白っぽくなるまですり混ぜ、プレーンヨーグルトを加えてさらに混ぜる。
3. 2に薄力粉、ベーキングパウダー、バニラエッセンス、レモンの皮を入れて、さっくりと混ぜ、最後にセモリナ粉を加え混ぜる。
4. 3の生地を耐熱皿に入れて170℃に予熱したオーブンで25～30分、焼き色がつくまで焼く。オーブンから出し、1のシロップをほんのりあたたかい状態でまわしかける。
5. そのまましばらくおき、ケーキが冷めてシロップがしみ込んだら、仕上げに溶かしバターを塗り、ココナッツファインを飾る。

Memo

- 卵とサラダ油、砂糖を合わせてハンドミキサーでしっかり混ぜ、空気を含ませることがポイント。
- セモリナ粉は、パスタ用の小麦粉として知られますが、トルコでは「イルミック」と呼ばれ、お菓子作りにもよく使われます。
- できあがりを一晩くらい冷蔵庫でおくと、さらに味がなじんでおいしいです。

生地の揚げもの
Hamur Kızartması

トルコのアンネ（お母さん）が手作りする揚げパンは、子供たちが大好きなおやつです。
ひと口大に切った生地を、きつね色になるまでシンプルに揚げます。
ドーナツほど甘くはなく、朝食やおやつに、好みのジャムやチーズといっしょにいただきます。

Ingredients

材料（作りやすい分量）

A ┌ 薄力粉…200g
　├ ベーキングパウダー…5g
　├ 塩…小さじ1
　├ 卵…1個
　└ プレーンヨーグルト…100ml

揚げ油…適量
打ち粉…適量
好みのジャム…適量

1. 生地を作る。ボウルにAの材料を入れ、混ぜ合わせる。
2. ひとまとまりになったら、打ち粉をした台に移し、4〜5mmの厚さに伸ばして、包丁で適当な形に切る。
3. 揚げ油を中温に熱して2の生地を入れ、きつね色になるまで揚げる。油をきって器に盛り、好みでジャム（バラの花びらのジャムなど）を添える。

Memo
・ジャムの他、白チーズ（またはフェタチーズ）やクリームチーズなどを添えてもおいしいです。

【バラの花びらのジャム】
バラの一大産地であるトルコ産・バラの花びら入りジャム。香りがよく、トルコではとても親しまれています。おみやげとしても人気です。

イルミック・ヘルヴァ
☾ Irmik Helvasi

「イルミック」はセモリナ粉、「ヘルヴァ」は練ってかためた菓子の意味。
バターできつね色に炒めた粉とナッツに牛乳と砂糖を加えて練りあげます。
香ばしい粉の風味と独特の食感がどこか懐かしい味わい。歴史あるスイーツで冠婚葬祭でも供されます。

a　　　　　　　　　　　b　　　　　　　　　　　c

Ingredients

材料（3〜4人分）
セモリナ粉…200g
松の実…大さじ2
バター…80g
牛乳…150〜200ml
砂糖…150〜200g
シナモンパウダー…適量

1. 鍋にバターを溶かし、松の実を入れてさっと炒める。セモリナ粉を加え（**a**）、うっすら色がつくまで炒める（**b**）。
2. 別の鍋に牛乳と砂糖を入れて温め、**1**を加えて（**c**）全体がしっとりするまで混ぜたら、火からおろし、ふたをしてそのまま冷ます。
3. 粗熱がとれたら、ふんわり混ぜて器に入れる。仕上げに好みでシナモンパウダーをふる。

Memo
- バターの半量をひまわりオイルにかえると、少し軽い仕上がりになります。
- 砂糖の量は、お好みで加減してください。
- できあがったヘルヴァは、手で丸めたり、好みの型に詰めても。

塩味のクッキー
☪ *Tuzlu Kurabiye*

さくっとした食感で塩味の中にほんのり甘さを感じるクッキーです。
トルコのパン屋やお菓子屋では計り売りが基本。
ショーケースには、ユニークな形のクッキーが並び目を楽しませてくれます。
親戚や友達など来客が多いトルコの家庭では、ホームメイド菓子はおもてなしの定番。

a

b

c

Ingredients

材料（約15個分）
薄力粉…250g
A
- バター（室温に戻す）…80g
- ひまわりオイル（P.125）…大さじ3
- ベーキングパウダー…小さじ1
- 塩…小さじ1
- 砂糖…大さじ1
- 卵白…1個分
- 水…大さじ1〜2

※水は、生地のかたさをみて調整する

【仕上げ用】
卵黄…1個分
ブラッククミンシード
　（または黒ごま）…適量

1. ボウルに **A** の材料を入れて混ぜ、薄力粉を何回かに分けて加え混ぜ、生地をひとまとまりにする。
2. 2種類のクッキーを成形する。**1**の生地を15等分する。約10cmの棒状に伸ばし、長さ半分に曲げて（**a**）両端からねじる（**b**）。もう1種類は同様に棒状に伸ばした生地をリング状にしてとめる（**c**）。
3. オーブンシートをしいた天板に並べ、仕上げに卵黄を塗り、リング状のクッキーにはブラッククミンシードをふる。150℃に予熱したオーブンで約20分、焼き色がつくまで焼く。

Içecek
トルコの定番ドリンク

トルコ人はとにかくお茶の時間が大好き。
一日に何度もチャイやコーヒーを楽しみます。
他にも旬のフルーツで作るフレッシュジュースや
レモネードなど、おいしい飲みものがいっぱい。

リモナタ

アイラン

トルココーヒー

チャイ

アイラン ☪ Ayran

すっきりとしたヨーグルトドリンクは食事のお供に。

1. プレーンヨーグルト300gと塩小さじ1を泡立て器でかき混ぜる。
2. 水300mlを少しずつ加えながらよく混ぜる。
   ※ミキサーですべての材料を一緒に攪拌してもよい。

リモナタ ☪ Limonata

酸味と甘みが心地よいトルコ風レモネード。

1. レモン（無農薬・ノンワックス）3個の皮をすりおろして砂糖200gとすり合わせ、砂糖にレモン色がつくまで混ぜる。
2. 残ったレモンは搾ってこしておく。
3. 1に熱湯1Lを注いで冷ましたら2のレモン汁を入れ、クエン酸10g、冷水500〜700mlを加えて混ぜる。好みでミントの葉を入れる。

チャイ ☪ Çay

トルコ人の暮らしには欠かせない飲み物。

1. チャイダンルック（下記参照）の上段にトルコの茶葉（好みの紅茶）を多めに入れ、下段に水をたっぷり入れる。
2. 上下のポットを重ね、火にかける。下段の水が沸騰したら、上段のポットに茶葉がつかるくらい下段の湯を注いで再び火にかけ、上段の茶葉を蒸らす。
3. 下段のポットが再び沸騰したら火からおろし、上段のポットに下段の湯を適量注いで濃いめにいれ、こしながらチャイグラスに注ぐ。好みの量の砂糖を入れる。
   ※チャイポットがなくてもティーポットで多めの茶葉で濃いめにいれて砂糖を入れてもOK。トルコ風はかなり甘め。

トルココーヒー ☪ Kahve

豊かなコクと香りはコーヒー文化伝統の味わい。

1. ジャズヴェ（下記参照）にできるだけ細びきのコーヒー豆8〜10gと好みの量の砂糖と水60〜70ml（デミタスカップ1杯が目安）を入れて弱火にかけ、スプーンでかき混ぜながら、ゆっくり煮出す。
2. 沸騰して泡がたってきたら火からおろし、少しおさまったら、再度火にかける。これを何度か繰り返す。
3. 泡がきめ細かくなってきたら、こさずにそのまま、デミタスカップに注いで、コーヒーの粉がカップの底に沈むのを待ってから、上澄みを飲む。
   ※ジャズヴェがなくても深さのある小鍋で代用可能。

Column トルコのチャイとコーヒーの器具

国民的ドリンクであるチャイは、
二段式ポット（チャイダンルック）でいれます。
上段に茶葉を入れて火にかけるので蒸気で蒸らされ、濃く抽出できます。
またコーヒーは小鍋で粉ごと煮出すのがトルコの伝統的な飲み方。
トルコでも柄付きの小鍋（ジャズヴェ）を使います。

トルコにはたくさんの種類のスープがあり、
家庭はもちろん、食堂でも定番メニューです。
街角では他の店からの出前のスープを、自分の店の前で
低い椅子に腰かけて飲んでいる姿もよく見かけます。
その様子がまたなんともおいしそう。スープには癒しの効果も。
日本のみそ汁同様、忙しい朝のひと時をほっと包んでくれます。
またトルコのスープにはユニークな名前も多く、
いろいろな想像をかき立ててくれます。

Chapter.3
Çorba
【 スープ 】

メルジメッキ・チョルバス
☾ Mercimek Çorbası

トルコの家庭では週に1度は作るという伝統的なスープのひとつ。きれいなオレンジ色をしたトルコの赤レンズ豆は水で戻さず煮ることができるので使いやすく、甘くて味が濃く、栄養価も高い庶民の味方。レモンをぎゅっと搾っていただきます。

a　　　　　　　b　　　　　　　c　　　　　　　d

Ingredients

材料（3〜4人分）
赤レンズ豆…150g
玉ねぎ（みじん切り）…½個分
サルチャ（P.125）…大さじ1
水…900ml〜1L
オリーブオイル…大さじ1
塩…小さじ1〜2
【仕上げ用】
バター…大さじ1
プルビベル（P.124）…小さじ1
ドライミント…小さじ1

レモン（くし形切り）…2〜3かけ

1. 赤レンズ豆はさっと水で洗う。
2. 鍋にオリーブオイルを熱し、玉ねぎをよく炒めて甘みを出したら（**a**）、サルチャを入れ、さっと炒める（**b**）。
3. 赤レンズ豆を入れて全体を混ぜたら（**c**）分量の水を加え（**d**）、ふたをして弱火で20〜30分煮る。
4. 豆がやわらかくなったら塩で味を調える。ミキサーにかけてなめらかにして鍋に戻し入れ、火にかける。水分が足りないようなら足して濃度を調整して火を止める。
5. 仕上げにフライパンを熱してバターを溶かし、プルビベル、ドライミントを入れ、香りが立ってきたら火を止める。
6. **4**のスープを器に盛って**5**の香りバターをかけ、レモンを搾る。

Memo
・仕上げ用の香りバターは、スープが鍋に入った状態で加えてもよい。

マッシュルームのスープ

☪ *Mantar Çorbası*

トルコ全土の家庭で飲まれている定番のスープです。マッシュルームは
食感が残る程度に切るのがおいしさの秘訣。仕上げ用のオイルをたらすと一気にトルコの味に！

Ingredients

材料（2〜3人分）
マッシュルーム（粗みじん切り）…1パック分
玉ねぎ（みじん切り）…½個分
にんにく（みじん切り）…小さじ1
オリーブオイル…大さじ2　薄力粉…大さじ4
牛乳…300ml　水…500〜600ml
塩…小さじ1〜2
【仕上げ用】
バター…大さじ1½
プルビベル（P.124）…小さじ½
黒こしょう…小さじ½

1. 鍋にオリーブオイル、玉ねぎ、にんにくを入れて火にかけて炒め、玉ねぎがしんなりしてきたらマッシュルームを入れ、さらに炒める。
2. **1**の鍋に薄力粉を入れ、ダマにならないようによく混ぜたら、分量の水を入れる。全体が混ざったら牛乳を加え、ふたをして20分、弱火で煮込み、塩で味を調えて器に盛る。
3. 仕上げにフライパンを熱してバターを溶かし、プルビベル、こしょうを加えて熱し、香りが立ったら、器に盛った**2**のスープにかける。

にんじんのスープ

☪ *Havuç Çorbası*

じっくり炒めてにんじんの甘みを引き出したスープ。トルコ料理は食材がやわらかくなるまで
火を通すのが伝統的な調理法。シンプルに素材の味が凝縮されたおいしさが魅力です。

Ingredients

材料（2〜3人分）
にんじん…2本
オリーブオイル…大さじ2
水…600ml
A ┌ オリーブオイル・薄力粉…各大さじ2
　├ プレーンヨーグルト（または牛乳）…½カップ
　└ 卵黄…1個分
塩…小さじ2強
黒こしょう…小さじ1
プルビベル（P.124）…小さじ½

1. にんじんは皮をむいてすりおろす。鍋にオリーブオイルを熱し、にんじんを炒める。分量の水を入れ、沸騰してから約20分煮たら、スタンドミキサーでなめらかにする。
2. フライパンに**A**のオリーブオイルを熱し、薄力粉を炒めて火を止め、ヨーグルトと卵黄を入れて手早く混ぜ合わせる。
3. **1**の鍋を再び弱火にかけて**2**を加え、混ぜながら約5分煮る。塩、黒こしょうで味を調えたら、器に盛り、プルビベルと黒こしょう（分量外）をふる。

Memo
・さらにコクを出したい場合は、手順2でオリーブオイルの半量をバターにしても。

ミートボールのヨーグルトスープ

Yoğurtlu Köfte Çorbasi

可愛らしい小さなキョフテ（ミートボール）が入った具だくさんスープ。
温かいヨーグルトと聞くと日本人には違和感があるかもしれませんが、酸味がまろやかになり、
不思議とトルコらしい味に仕上がるのは、ヨーグルト発祥の地といわれるこの国ならでは。

a

b

c

Ingredients

材料（3〜4人分）
米…大さじ2〜3　水…1L
ひよこ豆（水煮）…50g
塩…小さじ1〜2
A ┌ プレーンヨーグルト…200g
　└ 卵黄…1個分　薄力粉…大さじ1
【キョフテ（ミートボール）】
牛ひき肉（赤身）…80g
玉ねぎ（すりおろして水気をきる）…1/3個分
にんにく（すりおろし）…1かけ分
サルチャ（P.125）…小さじ1
塩…小さじ1　黒こしょう…少々
プルビベル（P.124）…少々
パセリ（みじん切り）…大さじ1/2
パン粉…適量　卵…1/2個
【仕上げ用】
バター…大さじ1
プルビベル（P.124）…小さじ1
ドライミント…小さじ1

1. 鍋に分量の水と米を入れ、中火で約20分煮る。
2. 【キョフテ（ミートボール）】その間にボウルにキョフテの材料を合わせてよく練り、指先くらいの小さなミートボールを作る。
3. 1の鍋に2のミートボールと水気をきったひよこ豆を入れ、ミートボールに火が通るまで煮る。
4. 別のボウルにAの材料を入れてよく混ぜ、3の鍋に加えて5〜6分煮る。塩で味を調えて器に盛る。
5. 仕上げにフライパンを熱してバターを溶かし、ドライミントとプルビベルを入れる（a）。香りが立ってきたら（b）、器に盛った4にまわしかける（c）。

Memo

・ひよこ豆は、お好みでどうぞ。

ジャジュック

☪ *Cacık*

ヨーグルトを使った、スープのようなサラダのような一品。
ヨーグルトには体を冷やす作用があり、トルコでは夏の定番。
もともとエーゲ海地方の料理で、今ではトルコ全土で親しまれています。

Ingredients

材料（2〜3人分）
きゅうり…1本
プレーンヨーグルト…500g
水…300ml
にんにく（すりおろし）…小さじ1
塩…小さじ1
ディル…適量

1. きゅうりはすりおろす。
2. ボウルに1のきゅうり、プレーンヨーグルト、分量の水、にんにくを入れ、混ぜ合わせる。塩で味を調えて器に盛り、刻んだディルを飾る。

Memo
・水、にんにくの分量は、好みで調整してください。

パスタ入りスープ

☪ Şehriye Çorbası

パスタでとろみをつけたスープで、ロカンタ(食堂)や家庭では定番です。
細麺や米粒状のパスタを入れることで
ボリュームを出すとともに、自然なとろみをつけます。

Ingredients

材料(2〜3人分)
パスタ(カッペリーニ)…50g
ひよこ豆(水煮)…1/3カップ
トマト…2個
サルチャ(P.125)…大さじ1½
チキンスープストック(P.114)…800ml
オリーブオイル…大さじ1
塩…小さじ2
黒こしょう…小さじ¼
プルビベル(P.124)…小さじ¼
レモン(くし形切り)…2〜3かけ

1. トマトはすりおろす。
2. 鍋にオリーブオイルを熱し、サルチャを炒める。油が赤くなったら、1のトマトを入れ、食べやすい長さに折ったパスタと水気をきったひよこ豆、塩、チキンスープストックを入れ、沸騰したら20分、とろみがつくまで煮る。
3. 2の鍋に黒こしょうをふって混ぜ、火を止める。器に盛り、仕上げにプルビベルをふってレモンを搾って食べる。

Memo
・トルコでは細麺や米粒状のパスタを使いますが、ここでは同じく極細麺のカッペリーニで代用。またはアルパ・シャフリエ(米粒状のパスタ)で作ってもOKです。

小麦のスープ

☪ Un Çorbası

焦がした小麦粉が香ばしいスープ。小麦粉をバターで炒めただけとは思えない滋味深い味わいに、トルコの粉もの文化の奥深さを感じます。小麦粉のことはトルコ語でウンといいます。

Ingredients

材料（2〜3人分）
薄力粉…½カップ
バター…70g
水（またはチキンスープストック）
　…600〜700ml
塩…小さじ1〜2
【仕上げ用】※好みで
バター…大さじ1
プルビベル（P.124）…小さじ¼

1. 鍋を火にかけてバターを溶かし、薄力粉を加えてきつね色になるまで炒める。
2. 1の鍋に分量の水を入れて混ぜたら、塩を加えて約10分煮る。
3. とろみがついたら火を止め、器に盛る。
4. 好みでフライパンを熱してバターを溶かし、プルビベルを入れ、香りが立ってきたら、3のスープにまわしかける。

Memo

・水をチキンスープストックにしてもおいしいです。チキンスープストックは、水1.5Lに骨付き鶏肉（または鶏もも肉）400gくらい、玉ねぎ½個、セロリやにんじんなどの香味野菜適宜を入れて火にかけ、アクをとりながら約30分煮ます。これをこしてスープストックとして使います。

高原のスープ

☪ *Yayla Çorbası*

もともとは高原で放牧された家畜のミルクから作る
ヨーグルトを使ったことに由来しているそう。
米やマカルナでとろみをつけ、仕上げのハーブが爽やかな清涼感を感じさせます。

Ingredients

材料（2〜3人分）
水（またはチキンスープストックP.114）
　…800〜900ml
塩…小さじ2
米…大さじ3
A ┌ 薄力粉…大さじ3
　├ 卵黄…1個分
　└ プレーンヨーグルト…150ml
【仕上げ用】
バター…大さじ1強
プルビベル（P.124）…小さじ1/2
ドライミント…小さじ1

1. 米は水でさっと洗っておく。
2. 鍋に分量の水と塩を入れて火にかけ、**1**の米を入れ、米に火が通るまで約20分煮る。
3. ボウルに**A**の材料を合わせてよく混ぜる。
4. **2**の鍋に**3**を流し入れ、静かに混ぜる。とろみがついてきたら火を止めて器に盛る。
5. 仕上げにフライパンを熱してバターを溶かし、プルビベルを入れ、香りが立ってきたら火を止める。器に盛った**4**にまわしかけ、ドライミントをちらす。

Memo
・米のかわりに、アルバ・シャフリエ（米粒状のパスタ）でもOK。

花嫁のスープ

☪ *Ezo Gelin Çorbası*

お嫁さんが嫁ぎ先のお義父さんの健康を気づかって作ったといわれる、
家族への愛情が伝わる滋味溢れるスープ。
家庭の数だけレシピがあるという、おふくろの味です。

Ingredients

材料（2〜3人分）
玉ねぎ…½個
赤レンズ豆…100g
ブルグル（細びき　P.125）…大さじ2
米…大さじ1　水…1L
オリーブオイル・薄力粉…各大さじ2
サルチャ（P.125）…大さじ1
塩…小さじ1〜2
【仕上げ用】
バター…大さじ1
プルビベル（P.124）…小さじ½
ドライミント…小さじ¼

1. 玉ねぎはみじん切りにする。赤レンズ豆は水でさっと洗っておく。
2. 鍋にオリーオイル少々（分量外）を熱し、玉ねぎをよく炒めたら、赤レンズ豆、ブルグル、米と水800mlを入れる。沸騰したら、ふたをして約20分煮込む。豆がやわらかくなったら火を止める。
3. フライパンにオリーブオイルを熱して薄力粉を炒め、なじんできたらサルチャを加えてさらに炒め、水200mlを加える。
4. 2の鍋を再び火にかけて3を加えて混ぜ、塩で味を調えて器に盛る。
5. 仕上げに、きれいにしたフライパンを熱してバターを溶かし、プルビベル、ドライミントを入れ、香りが立ってきたら、器に盛った4のスープにまわしかける。

結婚式のスープ
☪ Düğün Çorbası

羊はトルコ人のルーツとされる遊牧民にとって大切な家畜。ミルクはチーズやバターに、また結婚式のような特別な日やおもてなしには羊料理がふるまわれます。
伝統的なこのスープは、今でも日常的に親しまれています。

Ingredients

材料（2〜3人分）
羊骨付き肉（または牛ブロック肉）
　…300〜400g
にんじん…½本
玉ねぎ…½個
水…1L
塩…小さじ1〜2
バター…大さじ1
薄力粉…大さじ2〜3
【仕上げ用】
バター…大さじ1
プルビベル（P.124）…小さじ1

1. 鍋に分量の水、にんじん、玉ねぎ、羊肉を入れて火にかける。沸騰してきたらふたをして、弱火で約1時間煮込む。
2. 肉がやわらかくなったらとり出してほぐしておく。スープはこしておく。
3. 別の鍋を火にかけてバターを溶かし、薄力粉を加えてなめらかなルー状になるまで混ぜる。
4. 3を何回かに分けて2のスープに入れて混ぜる。続いてほぐした肉を入れ、中火で約10分煮込み、塩で味を調えて器に盛る。
5. 仕上げにフライパンを熱してバターを溶かし、プルビベルを入れる。香りが立ってきたら、器に盛った4のスープにまわしかける。

ドマテス・チョルバス
☪ Domates Çorbası

ドマテスはトマトのことでトルコ料理には不可欠な食材です。
トルコには日本のようなだしの文化はなく、トマトのグルタミン酸がトルコ人にとっての旨味のもと。
赤い料理以外は料理ではないという人もいるほど。
ロカンタ（食堂）や家庭でも人気の定番スープです。

a

b

c

Ingredients

材料（2〜3人分）
トマト…3個
バター…40g
オリーブオイル（好みで）…大さじ2
薄力粉…大さじ3
サルチャ（P.125）…大さじ1
水…400ml
牛乳…200ml
塩…小さじ1
黒こしょう…小さじ½
【トッピング】※好みで
クルトン…適量
グリエールチーズ（またはピザ用チーズ）
　…適量

1. トマトをすりおろす（またはミキサーにかけてこす）。
2. フライパンにバターとオリーブオイルを入れて火にかけ、薄力粉を炒める（**a・b**）。焦がさないように約1分炒めたら（**c**）、サルチャを入れてさらに炒める。香りが立ってきたら、**1**のトマトを入れて手早く混ぜる。
3. **2**に、分量の水を何回かに分けて入れながら混ぜる。牛乳と塩をふり、ふたをして弱火で7〜8分煮る。
4. スープにとろみがついたら、味をみて塩（分量外）で味を調え、黒こしょうをふる。好みでクルトンやチーズをトッピングする。

Memo
- トルコ料理では、このように料理に小麦粉や卵液を加えてまろやかな風味やとろみをつけること、またはスープの仕上げに加えるスパイスやドライハーブのバターソースのことなどを「テルビエ」といい、よく使われる言葉です。

胃袋のスープ
İşkembe Çorbası

牛や羊の胃袋をじっくり煮込んで作る、こってりとした白濁スープです。
二日酔いにも効くとされ、すりおろしたにんにく、にんにくをつけたビネガー、
レモンなどを好みで入れていただきます。
現地では24時間営業の専門店もあるほど、庶民に愛されています。

Ingredients

材料（3～4人分）
牛または羊の胃袋…300～400g
水…1～1.5L
塩…小さじ2
バター…70g
薄力粉…大さじ3～4

【仕上げ用】
バター…大さじ1
プルビベル（P.124）…小さじ1

レモン（くし形切り）…適量
白ワインビネガー…適量
にんにく…1かけ

1. 鍋に水洗いした牛の胃袋と分量の水、塩を入れ、2～3時間かけて煮る。
2. 1の煮汁はこして、胃袋はひと口大に切る。
3. フライパンを熱してバターを溶かし、薄力粉を加えてうっすら色づくまで炒めたら、2の煮汁を少量加えて、スープになじみやすくしておく。
4. 鍋に2の煮汁と胃袋を入れて火にかける。3を混ぜて約15分煮る。味をみて足りなければ、塩（分量外）で味を調え、火を止める。
5. 仕上げにフライパンを熱してバターを溶かし、プルビベルを加え、香りが立ったら火を止める。
6. スープを器に盛る。5の香りバター、レモン、白ワインビネガー、にんにくをつぶして合わせて添え、好みで混ぜながら食べる。

【胃袋】
胃袋はトルコ語では、イシュケンベ（İşkembe）といい、一般的に羊や牛の臓物を指す。トルコでは羊や牛などの家畜はとても大切な存在で、あますところなく使う。ここでは牛の胃袋（ハチノス）を使用している。

Turkey Memo
6
朝食からディナーまで…
食事のはじまりはスープから

　トルコの食卓にスープは欠かせません。正式な食事もスープからはじまり、家庭でも毎日の食卓を彩ります。トルコには地方や家庭の数ほどスープがあるというくらい、たくさんの種類のスープがあります。その昔、遊牧民の暮らしの中でスープには重要な役割がありました。厳しい冬を乗りきるために、温かいスープを飲んで体を温めていたといわれています。トルコのスープはとろみをつけたものが多いですが、もしかしたら冷めにくくするための工夫だったのかもしれません。

　スープは朝食の定番メニューでもあるので、街のロカンタ（食堂）やスープ専門店では入り口にたくさんのスープが並び、お気に入りのスープを注文すると、お店のおじさんがスープ皿になみなみとスープを注いでくれます。テーブルに置いてあるパンは食べ放題で、スープとパンさえあれば、朝ごはんはこれでおなかいっぱい。毎朝、お店は仕事前のおじさんでいっぱいです。

　また、スープといえば、トルコにはタルハナという保存食用のスープの素があります。タルハナは乳酸発酵させた小麦、ヨーグルト、トマト、パプリカ、玉ねぎやスパイスを混ぜて乾燥させ、粉末にしたもの。田舎ではタルハナ作りは夏の終わりから秋にかけての季節の風物詩です。タルハナは野菜などと一緒に煮込んで楽しみます。

食材ノート

トルコのパン、粉もの、スープ作りによく使う食材、スパイスや調味料をまとめました。

【ドライミント】
トルコ産の乾燥ミント。トルコ語ではナーネ（**Nane**）。爽快な香りが食欲を促す。フレッシュのものとはまた違った独特な風味は、ヨーグルトを使った料理やスープのアクセントなど多くのトルコ料理に使われる。

【ドライタイム】
トルコ語ではケキッキ（**Kekik**）。シソ科の植物の葉を乾燥したもので、独特の清々しい芳香が特徴。魚や肉の臭みとりや、煮込み料理の香りづけの他に、サラダなどに使われる。トルコ産は香りが強い。

【ドライバジル】
甘く爽やかな香りのスイートバジルを乾燥したもの。ドライミント（ナーネ）と同じようにトルコ料理では料理のアクセントとしてよく使われる。チーズやヨーグルトを使う料理、野菜、肉料理など幅広い料理に合う。

【プルビベル】
トルコ産甘味種の赤唐辛子を乾燥させて粗びきにしたもの。辛みがやさしく旨味があるのが特徴。トルコの食卓には欠かせない万能香辛料。ロカンタ（食堂）ではテーブルに常備されている。韓国産の粗びき赤唐辛子で代用可能。

【スマック】
ほのかな酸味がゆかりを連想させる、赤じそに似た爽やかな風味のスパイス。ウルシ科の果物の実を乾燥させてパウダー状にしたもので、トルコをはじめ中東の料理でよく使われる。サラダにかけたり、野菜料理によく合う。

【クミンパウダー】
エキゾチックな香りのスパイス。野菜や肉料理と好相性。トルコの国民的メニュー「キョフテ（トルコ風肉団子）」にも欠かせない。古代エジプト時代から栽培されていたという歴史のある香辛料。地中海沿岸地方原産。

【ブラッククミンシード】
中東やインドでよく使われるスパイスの一種。トルコでも、お菓子やパンの仕上げによく使われる。キンポウゲ科の一年草の種子。トルコ語ではチョレキオド（**Çörek otu**）。ほのかな苦味と爽やかな芳香がある。黒ごまでもよい。

【黒こしょう】
世界中で幅広く使われ「スパイスの王様」の別名を持つ。トルコ料理でも頻繁に使われ、粗びきより粉末が一般的。ピリッとした辛みと爽快な香りが特徴で、料理の下味、調味、仕上げ、アクセントなど様々な段階で用いる。

【シナモンパウダー】
クスノキ科の芳香性にすぐれた樹皮を乾燥させて粉末にしたもの。甘みを引きたてる香りは、トルコの甘い菓子によく合う。トルコではシナモンの樹皮に糸を通して下げて虫除けにしたり香りを楽しんだりもする。

【ヨーグルト】
古来、遊牧民時代から食べられ、今もトルコ料理に多用される重要な食材。トルコのヨーグルトはとろりとして濃厚。本書では、プレーンヨーグルトを使用。必要に応じてクッキングペーパーをしいたざるにあけて水きりをする。

【白チーズ】
トルコ語でベヤズペイニール（*Beyaz peynir*）。ヨーグルトと同じく遊牧民の時代からある食材。主に羊や山羊などのミルクで作った、トルコ特有のチーズ。豆腐のような形で塩水漬け。フェタチーズで代用可能。

【赤レンズ豆】
小粒でオレンジ色の豆。現在のトルコを含む古代メソポタミア地域が原産とされる。皮がむいてあるので、水戻し不要のうえ、短時間で煮くずれるのでトルコの定番スープに使われる。またレンズ豆のキョフテも有名。

【ブルグル】
ブルグルはトルコの国民食のひとつで、小麦をゆでてひき割りにしたもの。細びきタイプ（右）は熱湯で戻すだけで使える。サラダやキョフテに。他にもピラウに使う丸粒タイプ（左）など料理によって使い分けられている。

【オイル】
トルコのエーゲ海沿岸地方は、世界有数のオリーブやひまわりの産地。オリーブオイル（左）はおもに野菜の料理に使われる。ひまわりの種からとる、ひまわりオイル（右）はクセがなく、トルコでは揚げ物などによく使われる。

【ごまペースト】
トルコ語でタヒニ（*Tahin*）。トルコの白ごまをペーストにしたもの。一般的に生のごまを使用しているため、ソフトでなめらか。料理に使いやすい。フムスなどのメゼやお菓子に使われる。日本の白練りごまで代用できる。

【サルチャ】
トルコのトマトペースト。通称サルチャ（*Salça*）。これをなくしてトルコ料理は語れないほど、様々な料理に味のベースとして使われる。一般的なイタリア産よりも濃厚な味。イタリアのトマトペーストで代用してもよい。

【パプリカペースト】
パプリカをペースト状にしたもの。サルチャより、色が濃く、鮮紅色で、甘み、やや苦味があるのが特徴。料理の色づけや隠し味に。辛くなく、深みが出る。トルコ語でビベルサルチャ（*Biber salçası*）。

【ぶどう濃縮液】
ぶどうの産地として有名なトルコのぶどうをジュースにし、そのまま煮詰めたシロップ。トルコ語ではユズムペクメズィ（*Üzüm pekmezi*）。シミットなどのパン作りの他、ヨーグルトにかけたり、様々に使われている。

Asami Kuchio
口尾麻美

料理研究家。旅先で出会う異国の食文化が料理のエッセンスに。ジャンルにとらわれない料理を書籍や雑誌、イベントなどで発信。料理教室を主宰する。著書に『トルコで出会った路地裏レシピ』『旅するリトアニア』（共にグラフィック社）など。

撮影 … 公文美和、口尾麻美（現地写真）
アートディレクション、デザイン … 福間優子
編集 … 岡本ひとみ
プリンティングディレクター… 佐野正幸（図書印刷）
校正 … ヴェリタ

食材協力
・バハール　http://www.baharu.com
・トルコのオリーブオイル ドアル　http://www.rakuten.co.jp/dogal/

トルコのパンと粉ものとスープ　NDC 596
粉もの文化の地に受け継がれる、素朴で味わい深い料理

2015年11月15日　発行

著　者　口尾麻美
発行者　小川雄一
発行所　株式会社 誠文堂新光社
　　　　〒113-0033　東京都文京区本郷3-3-11
　　　　（編集）TEL 03-5800-3614
　　　　（販売）TEL 03-5800-5780
　　　　http://www.seibundo-shinkosha.net/
印刷・製本　図書印刷 株式会社

©2015, Asami Kuchio.
Printed in Japan
検印省略
禁・無断転載

落丁・乱丁本はお取り替え致します。

本書のコピー、スキャン、デジタル化等の無断複製は、著作権法上での例外を除き、禁じられています。本書を代行業者等の第三者に依頼してスキャンやデジタル化することは、たとえ個人や家庭内での利用であっても著作権法上認められません。

〈日本複製権センター委託出版物〉 本書を無断で複写複製（コピー）することは、著作権法上での例外を除き、禁じられています。本書をコピーされる場合は、事前に日本複製権センター（JRRC）の許諾を受けてください。
JRRC（ http://www.jrrc.or.jp/　E-mail: jrrc_info@jrrc.or.jp　電話 03-3401-2382 ）

ISBN978-4-416-71566-6